COLLECTION
FOLIO ESSAIS

Jacques André

L'imprévu

En séance

Gallimard

De première formation philosophique, Jacques André est psychanalyste, membre de l'Association psychanalytique de France (APF) et professeur de psychopathologie à l'université Paris-Diderot.

Après avoir travaillé sur la féminité, il a publié un ouvrage sur les sexualités masculines, *Paroles d'hommes* (Tracés, Gallimard, 2012).

Comment restituer ce qui fait l'originalité de l'expérience psychanalytique, cette question est au cœur de sa réflexion et de son écriture.

À Françoise et François,
patients lecteurs.

L'un parle, l'autre pas

Amélie est silencieuse. Elle est arrivée avec son retard ordinaire, une dizaine de minutes. Son silence aussi est habituel, plus prolongé cependant que de coutume. Tout est silence, sauf une voix. Dans l'immeuble, des travaux de ravalement sont en cours. On entend les ouvriers, ou plutôt l'un d'entre eux. Il parle haut et fort, longtemps, sans jamais être interrompu. Il s'adresse sans doute à un de ses collègues haut perché sur un échafaudage. Amélie avait déjà pu dire son agacement quand un bruit du voisinage venait rompre la « sérénité des lieux ». Rien de semblable cette fois. La voix qui résonne *forte* parle seule une langue inconnue, étrangère à elle comme à moi. Peut-être le berbère ? Cette voix gutturale, venue d'ailleurs, ne fait pas intrusion, elle ne dérange rien, elle a pris possession de la séance, comme une atmosphère, écoutée, respectée par le silence d'Amélie. Et par le mien. Jusqu'à ce que la voix s'arrête comme elle est venue, aussi imprévisible dans sa disparition que dans son surgissement. Amélie : « Il n'y en a qu'un qui parle parce que l'autre ne comprend pas. »

C'est aussi comme cela que la vie commence. Que parfois elle se prolonge, et même se termine. Sans que personne, un « bon entendeur », ait jamais reçu le message. Il n'y a pas de raison que la psychanalyse, par sa soumission à la répétition, n'en fasse pas l'expérience, voire les frais. Rien ne garantit par avance que la rencontre analytique aura lieu, que quelque chose sera entendu, et qu'alors la face du monde s'en trouvera changée. On aimerait pouvoir se tenir en ce lieu, fragile équilibre entre analyse possible et analyse impossible.

« Rencontre » n'est pas loin de partager le privilège des mots primitifs, celui de réunir en un seul le même et son contraire, le hasard et le destin, l'encontre de la mauvaise rencontre et l'ensemble d'un moment fécond. Ce à quoi la rencontre analytique ajoute l'éventail de ses paradoxes, depuis avoir lieu et produire ses effets dans la vie sans qu'on en sache rien, jusqu'à rester stérile alors même qu'on est convaincu de son événement. Impossible pour se rassurer de tenir « rencontre » et « transfert » pour simplement synonymes, car si la répétition est la chose du monde psychanalytique la mieux assurée, il arrive que *rien* soit ce qu'elle répète, interminablement.

D'où peut *naître* la rencontre ? L'espoir qu'elle place dans l'analyse, Amélie le formule avec simplicité : « apprendre à parler ». Non pas, comme il est névrotiquement de coutume, libérer la parole — de ses entraves, de ses inhibitions, de ce qui la ligote. On ne peut libérer qu'une parole déjà constituée, déjà inventée. L'entreprise d'Amélie *infans* se situe en amont : apprendre à parler, plus primitivement encore : apprendre la parole. Peut-être même apprendre la voix, la *phônè,* avant qu'elle ne devienne *lexis*, qu'elle ne s'articule en une diversité de significations qui d'être depuis toujours déjà là ne vous doivent rien.

Ce qui avec Amélie se dessine entre parole et voix peut revêtir d'autres formes, au gré d'expériences analytiques toujours singulières. La forme du temps, de l'espace, ou la genèse des facultés, imagination ou mémoire, à moins que le façonnage des affects — et pas seulement leur expression — ne constitue l'enjeu, quand ce n'est pas de construire la perception elle-même qu'il s'agit. Chaque fois que l'analyse visite ces lieux, là où s'engendrent les formes primitives de la vie psychique, ce n'est pas sur les modes langagiers habituels de la *talking cure* que les choses se disent. Quand le sens celé se révèle au détour de l'équivoque, de l'implicite, de la confusion phonétique, du jeu de mots, du mot évité... Les choses arrivent plutôt quand le plus ordinaire, le plus simple devient le plus étranger. Quand le plus commun, au point d'en être imperceptible, devient le plus surprenant. Quand ce qui va de soi ne va plus. Un mot n'a pas besoin d'être un concept pour être lourd de connaissance. Tout mot est chargé d'histoire, à commencer par la sienne, son étymologie. À quoi s'ajoute l'héritage de l'usage. Comment dire « atmosphère » sans se retrouver *Hôtel du Nord*, au son des accents gouailleurs d'Arletty ? La voie de l'association *libre* est encombrée de déterminations qui la précèdent. La langue est porteuse d'une expérience commune qui parle toute seule, à tort ou à côté. Une expérience dont il arrive qu'il faille se défaire pour apprendre à parler.

Elle parle d'*avant*, du changement intervenu *depuis* dans son habillement. Je l'accompagne, prolonge le propos et confirme cette modification dans sa « façon de s'habiller ».

— Non...

Moment de suspens. Ces mots-là, soudain trop « berbères », ne lui parlent pas d'elle, elle aurait sans doute pu les employer auparavant, les utiliser sans les habiter, parce qu'ils sont là pour ça, mots tout faits de la langue, prêts à porter, prêts à parler. Chacun peut s'y glisser, cela permet de ne rien dire (de soi).

— Non... Avant je n'avais pas de *façon*.

Sans parler de *s'habiller*, qui ne convient guère mieux, parce qu'il va trop vite, qu'il est définitivement oublieux de toute la complexité qui relie le corps à ce qui le couvre.

Toute analyse est *a minima* une œuvre de désinterprétation : délier, déconstruire les explications, les romans que chacun peut écrire de sa propre vie. Tant que l'on s'en tient là, les deux protagonistes peuvent partager le sentiment (l'illusion ?) de parler la même langue, seule l'histoire change. On se retrouve parfois, faut-il dire « au-delà », « en deçà » ? là où « tout langage est un écart de langage ». Apprendre la parole déborde le travail de l'interprétation, quand c'est d'*apprendre à la langue à parler de vous* qu'il s'agit ; et pour cela en défaire les arrangements préalables, se dégager de sa communauté.

Les formes primitives de la vie psychique... L'expression vient en dérivation et en contrepoint de la formule de Kant : les formes *a priori* de la sensibilité. L'expérience analytique bouscule les convictions du philosophe, au moins de celui que j'ai été. Que puissent y naître le temps, l'espace et quelques autres formes conteste qu'il existe des formes *a priori* de la vie psychique. Conteste aussi un savoir psychanalytique, au moins celui de la vulgate, qui veut qu'à six ans « tout » soit « joué ». On peut apprendre à parler beaucoup plus tard.

L'escalier

Il n'en revient pas. À chaque fois que cela se produit, aussi fréquemment qu'un jeu d'enfant aime à se répéter, Louis n'en revient pas. Quatre ou cinq marches avant d'arriver au bas de l'escalier, son fils saute — dans le vide, dans ses bras. D'où tient-il pareille confiance, d'où lui vient de pouvoir ainsi croire et risquer cet élan de foi ? Comment lui, le père, qui n'a rien reçu de tel, pourrait-il avoir transmis ce qui lui a tant manqué ? On le devine, c'est moins son fils, sa tendresse, qui l'émeut à ce point, que de voir surgir à travers les yeux de son fils l'existence d'un père aimant, aimé. Qu'est-ce qui fait, se demande-t-il — lui et quelques autres —, que l'image d'un père se promenant, tenant son enfant par la main, l'emporte si nettement en émotion sur celle d'une mère accomplissant le même geste ?

Jung voulait qu'aux origines le père soit « fortuit comme l'air ». On dit que les Na de Chine, aux confins de l'Himalaya, lui donnent raison qui n'auraient pas même de mot pour le désigner. Freud, à l'inverse, était convaincu qu'aux premiers temps la scène était déjà primitive : « Il devrait de tout temps y avoir eu des fils du père. Le père est celui qui possède sexuellement la mère. » Ce qui n'empêche pas l'incertitude. Que la mère soit possédée, qu'un autre la possède, voilà qui est hors de doute. Mais qui ? *Pater incertus, mater certissima.* Freud en convient volontiers qui reprend à son compte l'aphorisme de Lichtenberg : « La lune est-elle habitée ? l'astronome le sait avec à peu près autant de fiabilité [Lichtenberg est homme du XVIIIe siècle, longtemps avant "on a marché sur la lune"] qu'il sait qui était son père, mais pas aussi assurément qu'il sait qui a été sa mère. »

Freud transforma ce principe d'incertitude, sa valence négative, en l'atout majeur du père : la paternité est une conjecture, elle est édifiée sur une déduction et un postulat, quand la maternité est attestée par le témoignage des sens. Le passage de la mère au père constitue un progrès de la civilisation, une victoire de la vie de l'esprit sur la vie sensorielle[1]. De toutes les théories « le-père » est la première, jusqu'à marquer l'entreprise intellectuelle dans son ensemble : une théorie, quel qu'en soit l'objet, en tant qu'émancipation de la certitude sen-

1. Voir *L'homme Moïse et la religion monothéiste* (1939), Gallimard, coll. Connaissance de l'inconscient, 1986, p. 213.

sible, serait *paternelle* en son principe. De la vie de l'esprit à la certitude sensible — ou l'inverse —, l'ombre tutélaire de Hegel accompagne le raisonnement.

C'est affaire de principe, de logique, mais aussi de chronologie. La première théorie de l'histoire, celle que l'enfant bâtit dans l'espoir de mettre un peu d'ordre dans la polymorphie de ses investigations, cherche à résoudre l'énigme « D'où viennent les enfants ? ». Si le chou, ou la cigogne, sont à ce point de mauvaises réponses, c'est qu'elles se trompent de question ; méprises d'adultes oublieux de leur propre enfance. La question au complet s'énonce : « D'où viennent les enfants dans le ventre de la mère ? » Le ventre, le chou, ne fait pas partie de l'énigme, sur ce point il suffit de s'en remettre au témoignage des sens, l'enfant sait que c'est là ; à preuve la trace négative ultérieure, celle qu'a laissée le refoulement : « Je n'ai jamais vu ma mère enceinte de mon petit frère. » L'inconnu est ailleurs : qui a mis cet enfant dans le ventre, comment est-il arrivé là, comment peut-il en sortir ?... Toutes mises en scène de la scène primitive qui font du père le premier inconnu, avant de le constituer en modèle de toutes les théories hypothético-déductives — peut-être encore plus radicalement dans l'esprit de Freud : en premier moteur de l'hominisation.

C'est au crépuscule de sa vie, à la fin de son histoire, que Freud, écrivant *L'homme Moïse*, rend cet hommage de l'esprit au père. Ultime vérité, dernière révélation offerte par une expérience analytique arrivant à son terme ? Il y a quelque raison d'en douter. Quarante ans plus tôt, l'homme Freud écrivait déjà la même chose ; non pas le théoricien, le poète. L'ami, l'ami très cher, l'ami Wilhelm, celui qu'il est en train de perdre à force d'inventer une théorie indépendante, est l'heureux père d'un fils tout juste né. Sigmund lui adresse quelques vers :

> *Salut au père qui a trouvé*
> *à endiguer la puissance du sexe féminin*
> *pour qu'il porte sa part d'obéissance à la loi ;*
> *non plus signalé par la secrète lueur*
> *comme la mère,*
> *il en appelle aux puissances supérieures :*
> *la déduction, la foi et le doute*[1].

Le père est en bas de l'escalier, debout, vertical. Le fils peut sauter, prendre son élan, courir le risque de sa propre vie. L'incertitude du père n'est pas seulement une promesse pour l'esprit, elle fait de son amour, par définition improbable, une élection, d'autant plus attendu qu'il ne relève d'aucune nécessité de nature. Il peut ne pas y avoir de père, sa valeur n'en est que plus grande, celle du luxe.

1. Voir Max Schur, *La mort dans la vie de Freud*, Gallimard, 1975, coll. Connaissance de l'inconscient, p. 245-246.

On ne sait pas qui est son père, l'expression « de père inconnu » est presque un pléonasme. Est-ce pour cela que c'est le plus souvent à son sujet que l'on entend ces regrets, tels ceux que Louis formule : « Je n'ai pas eu le temps de lui parler avant qu'il ne meure. » Quelque chose relie intimement le père et le mot de la fin. Une analyse peut-elle trouver sa terminaison, au sens consistant d'un dénouement, peut-elle devenir histoire sans que le père, sous sa double face, être de désir et principe de différenciation, tienne sa place en bas de l'escalier ? Il est curieux que dans le premier exemple clinique que Winnicott donne de la « crainte de l'effondrement », alors que tout indique dans le contexte profondément régressif de cette cure que le matériel « paternel » n'en a pas été le plus prégnant, curieux donc que le point de renversement de la perspective, celui qui permet aux deux protagonistes de « boire enfin le calice jusqu'à la lie », et à l'analyse de trouver sa fin, tienne à l'interprétation transférentielle d'un mot désespéré : « rien ne se passe dans cette analyse », transformé en un : rien non plus ne passait dans les yeux de son père, rien d'elle, de son désir pour elle. Pas de regard pour se voir, pas de bras pour sauter.

Pour personne

« Je suis toujours avant ou après, je suis rarement là. »

Les doigts retiennent ensemble les cheveux qui masquent le visage, les enroulent, semblent vouloir les tresser, mais ils ne veulent rien, seulement s'occuper. Les yeux pleurent, sans aller jusqu'à former des larmes. Rachel peut rester ainsi, comme enroulée sur elle-même, dans un silence qui ne tait rien, le temps infini d'une séance. Plus que jamais, le patient et la patience forment le couple de l'analyse.

Un jour, à peine arrivée, à peine assise, plus douloureuse encore que d'habitude, elle s'était levée pour partir. Je l'avais invitée à rester… « C'était pour voir si vous alliez faire quelque chose. »

Elle est assise à la table de la cuisine. C'est un jour de printemps et de campagne, la porte ouverte sur le jardin. La maison est bruyante, tout le monde est là, tous les proches, parents, frères et sœurs, peut-être aussi ses deux cousins. Devant elle on a posé le coquetier et son œuf. Elle commence à en briser la coquille. L'entreprise est délicate, tout un art, depuis la préparation des mouillettes jusqu'au geste retenu de la cuiller, éviter que l'éclat du calcaire ne se mêle au blanc, et le blanc au jaune.

Elle casse. Sans l'avoir décidé, sans vouloir, le geste ne se retient plus, la cuiller abandonnée à elle-même écrase, écrabouille. Le coquetier dégouline de ce qui n'est plus qu'une informe mixture.

Elle reste là, le coude sur la table, la tête à l'oblique dans le creux de la main, les cheveux sur les yeux ; longtemps, à côté du temps. On passe et repasse près d'elle, personne ne s'aperçoit de rien, personne ne voit, ne *la* voit. Personne n'entend le cri qu'elle ne pousse pas. Elle est là, pour personne. Les proches sont loin.

Aimer-haïr, aimer-être aimé, ces couples de toujours, associant les contraires ou conjuguant l'actif et le passif, ont un air familier, pas seulement pour le psychanalyste. En une occasion, qui dans l'œuvre reste isolée, Freud éprouve le besoin de compléter le tableau d'un troisième attelage : amour-*indifférence*[1]. Tour à tour, en latin ou en germain, il écrit : *Indifferenz* ou *Gleichgültigkeit*, mais le choix indiffère qui, dans les deux cas, désigne le rien de

1. Freud, « Pulsions et destins de pulsions », *Œuvres complètes*, tome XIII, 2e éd., PUF, 1994, p. 180 *sq*.

l'intérêt, le vide de l'investissement. Ni pour, ni contre, *rien*. On pourrait imaginer que ce « rien » ne soit qu'apparemment rien, qu'en vérité il marque une neutralisation des opposés, l'inhibition réciproque de aimer et haïr, comme il est courant que soit l'indifférence dans les rêves. Pas du tout, il arrive que rien soit vraiment rien, sans compromis.

Le point de vue de Rachel et celui de Freud se répondent, ils ne coïncident pas. S'ils se parlent, c'est pour se situer face à face, de part et d'autre des deux côtés de la scène : de l'indifférence Rachel est l'*objet*, quand Freud raisonne à partir de la source. Rachel est une enfant, l'indifférent de Freud est un parent. L'écart entre les deux positions souligne le paradoxe : l'indifférence n'est éprouvée que par qui la subit, qui en est passivement l'objet. Quand elle est par définition un non-affect pour celui dont elle émane. Paradoxe d'une configuration psychique réunissant indissociablement deux pôles que *rien* (ne) réunit.

Le surgissement éphémère de l'indifférence dans la réflexion de Freud est la conséquence directe de ce qui n'est alors qu'une découverte toute fraîche : le narcissisme, l'enclos du narcissisme, son mouvement sphérique et centripète, qui transforme la psyché en monade. L'image du parent indifférent, telle qu'on peut l'esquisser, laisse l'enfant à l'extérieur, tombé hors du cercle. Ni incorporé, ni même expulsé, plutôt *sans objet*. À l'extérieur du monde plus encore que dans le monde extérieur. Plus ignoré qu'étranger.

Ce *rien* du parent, c'est *tout* pour l'enfant. Tout, sans reste, absolument, telle une éponge qui n'en aurait jamais fini d'absorber. Quoi de plus sidérant, de plus captivant que d'être *l'objet (?) du non-investissement* ? Jusqu'à demeurer suspendu toute une vie à des lèvres qui ne vous parlent pas, *parce qu'*elles ne vous parlent pas. Jusqu'à élire pour « compagnon » celui pour lequel on n'existe pas. Quoi de plus immobilisant pour la « vie » psychique que de ne retenir *en rien* l'intérêt de celui, celle qui est pourtant l'humain le plus proche ?

Faudrait-il alors voir dans cette capture l'ultime ruse du *seducere*, de la séduction et de ses détournements ? Ce serait beaucoup demander à un mot lourd d'excès là où inversement la passion est absente, quand l'enfant sur le visage de l'adulte ne déchiffre qu'un regard qui le regarde sans le voir. Si la vie de Rachel lui a été dérobée, ce n'est pas d'avoir été séduite — le fantasme de la séduction ne s'est pas constitué — mais plutôt de ne pas lui avoir été *donnée*.

Se lever inopinément de sa chaise, faire le geste de partir dans l'espoir d'être retenue, ce geste, Rachel l'a dans sa vie maintes fois tenté. À l'adolescence notamment, âge délinquant par excellence, elle avait couru tous les dangers, ou presque. Jusqu'à la seringue et sa manie — à laquelle seule l'intervention d'un ami de la famille, d'un membre extérieur, lui avait permis de réchapper. Tout cela en vain, il ne suffit pas pour faire une « crise d'adolescence » de prendre tous les risques, pour qu'il y ait *crise*, que la crise soit un défi, encore faut-il que quelqu'un s'en aperçoive.

Du suicide elle connaissait plus que la pensée. En une occasion au moins, elle l'avait côtoyé de près. La fenêtre était ouverte, elle allait en franchir le seuil, rencontrer le vide. Un instant d'intimité l'avait retenue, la vue d'un objet familier, le piano dans la chambre et l'image des longues heures avec lui partagées. Une touche suffisait pour que sans délai il réponde.

Le gynécée

« Je souhaitais faire une analyse avec une femme. » Si c'est vraiment le cas, quand ce vœu, par-delà sa claire expression, a la force inconsciente du *Wunsch*, comment pourrait-il en aller autrement ? Comment le choix en réalité, quoi qu'il en soit des apparences, du genre affiché par l'analyste, comment ce choix pourrait-il déroger à ce que *ça* exige ? À l'heure de sa résolution, au terme de nos premiers entretiens, je pris la remarque de Mona et sa décision manifestement contraire, entreprendre une analyse avec un homme, pour le meilleur indice d'un dégagement de bon augure. Quelque chose de cet indispensable vacillement qui, lors de la première rencontre, promet le caractère analytique de la suite.

« Je veux vous faire part d'une inquiétude... » Freud écrit à Karl Abraham. A-t-on jamais vraiment pris la mesure de ce que l'œuvre fondatrice s'est, pour une part essentielle, constituée par correspondance ? L'œuvre s'écrit, se crée dans l'adresse — inévitablement dans le transfert — à un pair. D'abord avec Fliess, dont le premier mérite a sans doute été d'être assez fou — peut-être même très fou — pour devenir le destinataire, jamais le censeur, de ce qui était en train de s'inventer. Et puis tous les autres. Les premières tranches d'analyse mutuelle (et sauvage), c'est entre Freud et Jung. Dans la lettre du 26 décembre 1908 adressée à Abraham, un homme de confiance, lui, c'est de la découverte de ce qui se nommera bientôt « contre-transfert » (en 1910) qu'il est question. « Je suis inquiet, il m'est arrivé que des cas pour lesquels je prenais un intérêt personnel trop grand échouent justement, peut-être précisément en raison de cette intensité. »

L'inconvénient avec le contre-transfert, c'est qu'il est plus vite repérable à être « contre » qu'à être « pour ». Contre : une pensée, une humeur hostiles font tendre l'oreille. Pour : qui songerait à se méfier d'un « intérêt personnel trop grand » ? Et quand il y songerait, l'intérêt diminuerait-il ? Repérer les mouvements « positifs », passe encore, mais s'en déprendre…

L'« offre » de Mona, « faire une analyse avec une femme », a fonctionné comme une séduction, séduction de l'inconscient, des inconscients, d'autant plus efficiente qu'elle est sans auteur. Depuis quelque temps, des deux côtés de l'Atlantique, fleurissent des articles commis sous l'influence plus ou moins consentie des *gender studies* [1], cherchant à qualifier les variations de la cure au gré du sexe de l'analyste. Comme si on le connaissait ! Comme s'il n'en avait qu'un, comme si chacun des sexes lui-même n'était qu'un !

Sait-on ce que l'on nomme quand on dit « sexe féminin » ? Le petit Hans le sait, il a décidé qu'il savait : tout le monde a un *Wiwimacher*, sauf ceux qui n'en ont pas ou chez lesquels il est (encore) trop petit. Sera classé « fille » tout être humain relevant de la seconde catégorie. Il faut sans doute regretter cette « détérioration précoce de l'intellect enfantin », note Freud [2], mais que dire de ceux, « scientifiques », qui ne renonceront jamais à pareil appauvrissement d'un raisonnement ainsi réduit à une logique binaire : l'avoir ou pas. Le philosophe de l'école de Wundt, par exemple. L'altérité de l'inconscient l'indispose, il résout la difficulté en la supprimant, en la « logicisant » : tout fait psychique est conscient, sauf celui qui ne l'est qu'obscurément.

Trou, fente, blessure, abîme, abysse, rien, tout, portes closes, *alien*, dents de la mer, *dark continent*

1. À entendre par là l'ensemble des travaux, le plus souvent militants, cherchant à prendre la mesure du bouleversement contemporain des anciennes représentations de ce que voulait dire « homme » et « femme ». « Sexe » et « genre » s'opposent comme nature et culture. Quand l'un aimerait bien rester ce « roc » que promet l'anatomie, l'autre, au gré de la diversité des cultures et des transformations de l'histoire, est variable, et pourquoi pas inventable.

2. « Analyse de la phobie d'un garçon de cinq ans (le petit Hans) », *Œuvres complètes*, tome IX, PUF, 1998, p. 10 n. 2.

— *dark* comme la nuit, comme la forêt africaine, équatoriale et la faune animale-humaine qui la peuple ; Freud emprunte l'expression à Stanley, l'explorateur du « cœur des ténèbres » —, le sexe féminin, celui que fréquente la psychanalyse, est aussi polymorphe que le sexuel infantile. Dans le silence des inconscients, leur connivence, Mona et moi nous étions enfermés derrière les portes du cloître, dans une féminité enclose, recluse, l'enceinte de la féminité, celle qui laisse les hommes à l'écart, sur le bord du chemin. Entre femmes, entre mère et fille. « Ma mère ne m'a jamais parlé de moi », dit-elle. Entendez ce qu'elle n'entend pas, mon silence.

Le cloître, ou le gynécée... À lire l'enquête menée par Paul Veyne sur la fresque de la villa des Mystères, à Pompéi [1], on ne sait trop devant quoi il faut le plus s'étonner : la finesse de l'analyse, la subtilité de son dévoilement qui donnent l'envie immédiate de reprendre l'avion pour Naples, voir ce qui a échappé, ou l'aveuglement consensuel de la « communauté scientifique » — les autres « Wundt » — confondant l'agitation fébrile du gynécée au matin d'un jour de noces avec la célébration initiatique des Mystères de Bacchus ; communauté de savants une fois de plus trompée par la logique et son évidence,

1. Paul Veyne, Françoise Frontisi-Ducroux, François Lissarrague, *Les mystères du gynécée*, Gallimard, coll. Le Temps des images, 1998.

celle du van mystique et de son phallus primé et dressé.

Le silence du sexe féminin, de tout temps, lui a permis de poursuivre ni vu ni connu certains de ses buts en toute innocence : la plénitude de la grossesse, l'orgasme sous couvert d'allaitement, la pédophilie maternelle (caresser, bercer son enfant, substitut d'un objet sexuel à part entière). Ou encore une version douce de l'homosexualité : deux femmes partagent sans encombre la même salle de bains quand, pour les hommes, il faut au moins être onze, une équipe de foot (*feet*). Et puis la possession tranquille d'un « doudou ». L'objet est une curiosité, sa féminité est aussi statistiquement établie que celle de l'anorexie[1] : les femmes, celles qui chaque soir s'endorment en le touchant, le flairant, le suçotant, en parlent sans l'ombre d'une pudeur, comme si ce patchwork des sexualités partielles était passé à l'as du refoulement.

Le gynécée a ses charmes, ses limites aussi. Spectatrice attentive d'un film sur les communautés religieuses, Mona en était ressortie partagée. « D'un côté ça me plaisait, cette vie silencieuse, à ne rien faire. De l'autre elles m'énervaient avec leur côté béat. Il faut pouvoir dire qu'on s'emmerde, qu'on ne croit pas en Dieu, qu'on a envie de partir. »

1. Je suis les résultats de l'enquête de Mathilde Saïet.

Le manteau

Son manteau est un mur, ignorant les saisons ; il l'entoure plus qu'il ne l'habille. Qu'elle arrive du froid ou du chaud, qu'il pleuve, qu'il vente ou que le soleil brille, Ida s'allonge sur le divan comme elle est venue, sans rien ôter de ce qui la couvre. Une image d'immobilité, l'irréalité d'un geste suspendu, associées par elle à l'aïkido, lui en avaient fait tenter l'expérience. Mal lui en prit, c'était un pénible souvenir. Pas tant pour la violence imprévue de l'affrontement qu'à cause de ce moment particulier et inaugural, lorsque l'adversaire attrape le vêtement, le tire, le maltraite, non comme on déshabille, plutôt comme on arrache la peau.

Jamais elle ne manque une séance, elle arrive à l'heure et pourtant elle n'est pas *là*. L'*être-là* du philosophe peut également s'entendre ainsi, qu'il n'est d'*être* qu'à occuper son lieu, à habiter son espace. Pas plus que le corps ne se défait, la psyché ne se départit de son attitude, toujours la même : Ida contribue à l'analyse à sa manière, sincère et désaffectée, enchaînant les pensées et leur interprétation, les rêves et leur traduction, remontant des souvenirs à l'intelligence des causes. Tout est en ordre, chaque chose à sa place, conforme à l'*idée* de l'analyse.

Un mur blanc, des tombes alignées, l'eau croupie d'un étang, Ida relate ses rêves. Elle en conserve une très bonne mémoire, celle de l'écriture. Chaque rêve, au matin, est transcrit dans son journal. Ce qui prolonge son récit, pourquoi ne pas le nommer « association » ? Des images de rêves aux souvenirs, elle construit un texte, celui que l'on dit latent. Construction, association, ce qui distingue l'une de l'autre n'est pas simplement, ni même pas du tout, ce qui oppose le faux et le vrai. Plutôt quelque chose qui touche au geste de la psyché. Quand l'association impose sa surprise, la pensée en est réduite à suivre, elle court derrière les images, essayant de remettre de l'ordre et de la liaison dans ce qui n'a « pas de rapport ». À l'inverse, la pensée d'Ida fait la course en tête, elle commence par ce qu'elle sait, jamais par ce qu'elle ne comprend pas. L'association est l'*incarnation* du mot, la construction en clarifie le concept.

La chose a souvent été soulignée : le rêve, et sa théorie, ont en psychanalyse plus qu'un privilège, une fonction paradigmatique. La position allongée, l'isolement perceptif, l'atmosphère tamisée, le temps long d'une séance, l'invitation à la rêverie

(« Dites tout ce qui passe... »), l'écoute désarrimée, flottante, le ton hypnotique de la voix... le rêve, bien au-delà de son « royal » mérite, celui de mener sur la voie de l'inconscient, marque de son empreinte le dispositif de la cure, quel que soit l'angle sous lequel on l'envisage. Le rêve ou le *rêver* ? L'évolution est sensible chez Freud lui-même, qui le conduit de la formation de l'inconscient en elle-même à la pensée travaillée, déformée par son autre. Une évolution d'abord empirique, avant que la théorie n'en construise l'objet. Ainsi de l'analyse de *Dora,* sa relation dans un premier temps est conçue comme un simple appendice de la *Traumdeutung*, comme son illustration, un fragment de cure organisé autour de l'interprétation de deux rêves. Mais l'auteur, travaillé, débordé par son texte, en vient à écrire autre chose, disons le *rêver* du transfert (et du contre-transfert) dont *Dora* reste pour nous, aujourd'hui, l'un des plus forts témoignages. Quelques années plus tard, l'infléchissement devient véritablement sensible, avec *L'Homme aux rats*. L'analyse est alors plus assurée de sa forme, comme de la règle qui la fonde — pour la première fois énoncée. Évoquant son patient, Freud écrit dans son journal du soir : « Il fait grand cas des rêves [1]. » De la part de celui qui a commis la *Traumdeutung* sept ans plus

1. Freud, *L'Homme aux rats, journal d'une analyse*, PUF, 1974, p. 113.

tôt, la note, avec son accent de condescendance, ne manque pas d'humour. N'allons pas jusqu'à dire que des rêves de l'Homme aux rats l'analyste Freud fait peu de cas, et pourtant… Non seulement, du *Journal* au texte publié, le nombre des rêves restitués diminue sensiblement mais, surtout, leur interprétation fait l'objet d'un service interprétatif minimal. Les rêves relégués au second plan, c'est le *rêver* qui s'empare du devant de la scène[1], envahissant sans rien épargner la totalité de l'espace analytique. L'inconscient de l'Homme aux rats fait flèche de tout bois, ouvrant sans cesse de nouvelles « voies royales ». Un rêver qui frôle parfois l'halluciner, quand « Paul », ainsi que Freud le prénomme, se lève brusquement du divan comme on s'arrache du sommeil pour échapper à un mauvais rêve, arpente la pièce et se tourne vers son bourreau vraiment trop « chinois » : « Ne soyez pas si cruel ! »

La présence des *rêves* d'Ida aura permis que se maintienne quelque temps l'illusion de l'analyse, comme si on y était, avant que ne se découvre à l'inverse ce que cette présence dissimule, l'absence du *rêver*. Une absence, on s'en doute, que la formule magique ordinaire, « Dites tout ce qui passe… », est bien impuissante à supprimer. Cette inanité de la règle *fondamentale* a pourtant un mérite, même s'il

1. Du rêve au rêver, J.-B. Pontalis a largement contribué à ce que se déplace l'accent. Voir notamment « L'attrait du rêve », *La force d'attraction*, Seuil, 1990.

est négatif, celui d'attirer régressivement l'attention vers les *fondations,* celles du rêver et de la psyché, que l'on est que trop pressé à considérer comme déjà constituées. Sans doute ne peut-on prendre le risque du rêver, de ses déliaisons et de son inconnu, que si les frontières du moi ne craignent pas d'être balayées à la première tourmente, que si l'on peut s'abandonner au point de défaire son manteau.

« L'homme, chaque nuit, dépose les enveloppes dont il a revêtu sa peau. [...] En allant dormir, il procède à un déshabillage tout à fait analogue de son psychique[1]. » Dormir, rêver... de *L'interprétation du rêve* au « Complément » que Freud rédige quinze ans plus tard, l'écart est sensible dans la manière d'articuler les deux actes psychiques. En 1900, le sommeil en lui-même ne retient guère son attention, si ce n'est pour sa façon de permettre la formation des rêves en abaissant le seuil de la « censure endopsychique ». Et parce qu'un service en vaut un autre, le rêve, en retour, se fait gardien du sommeil en transformant en images oniriques les sensations perturbatrices. Si cette combinaison se retrouve dans le court texte de 1915, elle est cependant contrariée par une disposition presque inverse, où rêver s'oppose à dormir : le moi dort, l'inconscient refuse de dormir, il veille, il rêve. « Le rêve

1. Freud, « Complément métapsychologique à la doctrine du rêve », *Œuvres complètes,* tome XIII, *op. cit.*

nous montre l'homme pour autant qu'il ne dort pas. » Dans l'intervalle Freud a inventé le narcissisme, l'idée d'un moi soucieux de son propre investissement libidinal, et par la même occasion c'est le sommeil qui cesse d'être le simple auxiliaire du rêver pour conquérir son autonomie psychique. Dormir, tel est le désir narcissique du moi. Dormir, rien que dormir, à l'abri de toute représentation, qu'elle vienne du dehors ou du dedans. Moi, rien que moi, sans autre objet pour moi que moi-même, sans autre écho que *moi m'aime*. Une vie, une mort psychiques, entre le ventre et la tombe. Le souhait d'un silence absolu, d'une nuit sans étoiles, est pourtant bien difficile à réaliser, combien de fois ne faut-il pas se réveiller, renoncer au sommeil, parce que les rêves font peur. Est-ce ainsi qu'il faut entendre la phrase énigmatique par laquelle s'ouvre l'*Aden Arabie* de Paul Nizan : « Aussi longtemps que les hommes ne seront pas complètement libres, ils rêveront la nuit. »

Ida ne dort pas. Aurait-il fallu lui offrir un plaid, comme le fait Winnicott ? Lui dire « dormir » plutôt que « rêver » ? La nuit, elle écoute le chant des baleines, cri à la fois étouffé et suraigu, remontant du fond des abysses au risque de se perdre en chemin. Et quand cède l'insomnie, elle ne dort pas, elle rêve. Plus encore que le rêver, lui manque le dormir. Une analyste de mes amis, aujourd'hui disparue, racontait une séance où elle s'était endormie.

Alerté par le changement de son rythme respiratoire, son patient plein de colère et d'indignation l'avait brutalement réveillée. « Cela prouve que je vous fais confiance », lui avait-elle dit. Au sommeil « on se donne », comme l'écrit Blanchot. Ida, dans l'igloo de son manteau, est bien loin de pouvoir se permettre une telle offrande. Quand la vie et la mort, le ventre et la tombe se laissent trop mal distinguer, comment être assuré de ce qui sépare dormir et gésir, le sommeil du grand sommeil ?

Les trois chutes

Il lui fallait monter à l'étage de la grange, ce fut l'occasion de la première chute. On accédait par une trappe découpée dans le plancher, d'où pendait une corde à nœuds. L'exercice l'avait toujours amusé, à la fois pour le plaisir fanfaron de vérifier force et habileté et parce que le geste lui rappelait l'école primaire, la leçon de gymnastique. C'est au moment pour le coude de prendre appui sur la poutre que les choses se précipitèrent, sans qu'il soit en mesure de décrire ce qui s'était passé. La chute fut rude, le geste violent et des trois chutes c'est la seule dont il conservât la trace, une gêne musculaire à l'endroit de l'épaule, conséquence du bras qui s'était retourné.

La deuxième eut lieu en montagne, quelques jours plus tard, au début d'une randonnée. Le passage associait rochers et torrent, les appuis étaient humides et glissants. Un terrain complaisant, sans doute, mais rien que de très ordinaire pour qui, comme lui, était accoutumé à ces difficultés élémentaires. Est-ce le pied, la main qui avait failli, il ne parvenait pas à revoir l'improbable maladresse qui l'avait jeté dans le ruisseau et qui lui fit, intuitivement, interrompre la balade.

L'idée lui était venue, elle emportait sa conviction, que ces chutes répétées et intempestives avaient une relation directe avec la mort de son père, survenue au début de l'été, un mois plus tôt. Et cette idée, il n'avait besoin de personne pendant ces vacances de l'analyse pour s'en faire une construction, entre crime et châtiment. Mais l'idée restait une idée, qui n'empêchait pas le corps de tomber, une idée abstraite, de celle à qui rien n'échappe de l'intelligence des choses, sauf la chose même.

La troisième chute fut la bonne. Le dut-elle à son invraisemblance ou au fait qu'elle était la troisième ? Du triple reniement de Pierre au « trois coups » du théâtre, pourquoi faut-il que la tragédie toujours marche par trois ? Il descendait tranquillement le pré attenant à la maison. On pourrait encore invoquer la complaisance des lieux, la pente forte de ce village de montagne, le sol glissant après la pluie mais aucune de ces « raisons » ne résistait à l'incongruité de la chute. Il était tombé de sa simple hauteur, comme un morceau de bois qui s'affalerait parce qu'on aurait cessé de le retenir. Face contre terre… au sens propre, le nez dans la glèbe.

Cette rencontre, entre le mort et le vif, eut la force analytique d'une interprétation, de celle que permet l'événement du transfert. On ne peut tuer son père qu'*in praesentia.* Avant de lui permettre de comprendre, la troisième chute, la plus terrestre, d'abord le saisit. Et par la même occasion la première d'entre elles, la plus lourde, la seule dommageable, s'en trouva autrement éclairée. La corde, bien sûr... Il avait tenu l'une des quatre cordes qui retenaient la descente du cercueil au fond du caveau. Corde du pendu ou de la vie usée, il avait un instant imaginé, et craint, ce qui se passerait s'il lâchait prise.

Des ingrédients du *Vaterkomplex*, aucun ne manque. Du meurtre aux représailles en passant par la culpabilité et ce curieux « langage d'organe » qu'on nomme castration, aucune des étapes qui ne puisse se décrypter. Avec comme motif dominant pour la toile de fond de cette histoire : le dépassement du père, dont il n'avait que trop abusé, ce que nul homme ne commet impunément.

De cet épisode, à la fois estival et sépulcral, il conservait une impression en demi-teinte. Quelque chose l'empêchait de bénéficier pleinement du plaisir de l'*Einfall*: « la corde ! », quand le sens l'emportant sur le désordre permet de devenir le héros épique d'une succession de calamités qu'on ne pouvait jusque-là que subir. Quelque chose entre meurtre et mort. Tous les deux s'opposent comme Œdipe et Narcisse, comme la mort de l'autre et la mort propre. Du meurtre l'inconscient fait florès, il en multiplie à l'infini les représentations, il en permet l'histoire. Mais quoi qu'il en soit de ses ruses et de son génie, de la mort, de *sa* mort, celle qui jamais ne se *présente*, d'elle il ne parvient à former représentation. La mort est l'ombilic de l'inconscient, sa tache aveugle. Quand la mort, et non plus seulement le meurtre, fait son entrée en psychanalyse, l'inconscient perd son nom, il devient pure puissance anonyme, *ça.* À moins que le vieux mot de « destin », ce mot sans âge pour dire la démesure et l'anonymat, ne soit le plus approprié pour désigner ce qui déborde l'inconscient dans sa marge [1]. C'est un paradoxe que cet absolu étranger prenne la forme d'un récit de toujours, un récit sans auteur, où tout marche par trois, comme la-mère, l'amante, la-mort. C'est bien lui qui était tombé ; la chute, la corde, et même la terre, il pouvait les faire siennes. Jusque-là c'est encore de *son* inconscient qu'il s'agissait. Mais *trois,* trois fois… c'est plus que son histoire ne pouvait en raconter.

1. J'emprunte le mot « marge » à mon ami Maurizio Balsamo (voir *Freud et le destin,* PUF, 2000).

Un enfant de moi

« Je ne suis pas sûre de vouloir un enfant *de* moi. »

Dans l'étrange alchimie à laquelle l'analyse soumet la langue, il est des moments plus déconcertants qu'un lapsus, plus étonnants qu'un mot joué ou un sens déplacé. Quand tout est à sa place, que règne l'ordre sur la langue et que, soudain, l'inouï naît de la « chose entendue », celle que depuis longtemps on n'entend plus. « Un enfant *de* moi », la surprise dérange la langue dans ses plus vieilles habitudes, l'insensé gît au cœur de la nature la plus commune. *De,* cette préposition minuscule et sans prétention rassemble à elle seule le plus invraisemblable : l'origine et la séparation. Comment un être humain peut-il naître d'un autre ? Comment *un* peut-il faire *deux* ? À parcourir cette question en sens inverse, de deux en un — « Je dois m'imaginer moi-même homme et femme en une seule personne, consommant le coït avec moi-même » —, le

Président Schreber est devenu fou, complètement fou. À s'en tenir à l'ordre naturel, de un en deux — l'écart entre la folie et le génie tient à peu de chose —, Henry Moore a produit l'une des plus fortes œuvres plastiques du XXe siècle. Comment une forme peut-elle naître, comment peut-elle naître *d'*une autre ? Tout son œuvre, dessins et sculptures, semble vouloir se tenir en ce point d'énigme, celui qu'il nomme *Internal/External Form*[1]. Ou, pour le dire autrement, comment passe-t-on de *mother* à *mother and child*, même si ces mots, trop identifiants, souffrent de pétition de principe quand il s'agit de saisir la naissance de la forme elle-même.

Celle qui prononce cette phrase, Rebecca, souhaite un enfant et, pour lever toute équivoque, elle ne l'attend de personne d'autre qu'elle-même. Sa difficulté à concrétiser cet espoir, indissociable des aléas de sa vie amoureuse, revêt une gravité particulière à un âge qui ne lui laisse plus guère de temps. La demande qu'elle adresse à l'analyse y puise l'un de ses motifs. Comment le dépeindre ? La langue psychanalytique n'échappe pas à la difficulté, elle parle inévitablement trop vite, sans savoir. Un « désir d'enfant »... l'expression relève plus de la synthèse que de l'analyse, qui réunit des figures psy-

1. Rétrospective Henry Moore, galerie Maeght, Saint-Paul-de-Vence, été 2002. Catalogue éd. Adrien Maeght.

chiques que seul le bon sens croit naturellement indissociables. Quel rapport entre désirer être enceinte, avoir un bébé, avoir un enfant... La logique de la chronologie préjuge à tort une continuité inconsciente équivalente. « J'aimerais bien être enceinte, dit cette autre femme. Mais avoir un enfant, non. Il faut faire attention à ne pas mourir quand on a un enfant, je serais trop inquiète. »

Rebecca ne souhaite certainement pas être enceinte, quand bien même elle fait ce qu'il faut pour que cela arrive. L'image d'un corps qui, du dedans, se déforme lui procure une angoisse viscérale. Elle ne désire pas davantage un bébé, le spectacle « bovin » des mères nourricières ne lui inspire que mépris ou dégoût. Elle ne désire pas *se reproduire* et l'enfant qu'elle souhaite, qu'elle imagine, n'est humain que pour s'être déjà dégagé de *l'espèce* ; il fait ses premiers pas et balbutie ses premiers mots.

Ce n'est pas une fille, c'est un garçon. Non pas celui qui conclut la liste des équivalences symboliques et vient juste après pénis ; entendre ainsi, interpréter de cette manière serait encore se soumettre aux certitudes de la langue, au postulat de la théorie. C'est un garçon *parce que ce n'est pas une fille*. C'est un autre que le même, un autre que *« moi »*, un autre qu'elle. Autre que quelque chose *d'*elle, l'image n'est supportable que si cela fait deux. Les déterminations du souhait sont premièrement négatives, sa réalisation ne s'en trouve guère facilitée.

Françoise Héritier, dans l'interrogation renouvelée qu'elle propose sur l'interdit majeur, remet anthropologiquement en valeur la relation entre l'inceste et le danger social qu'il représente : parce qu'il rapproche les semblables, selon la « nature » ou la « chair », l'inceste tend au cumul de l'identique. Il menace par sa confusion, par l'effacement des différences, les écarts constitutifs de la construction sociale et familiale. L'impensable absolu, écrit-elle, serait le « rapport sexuel entre des identiques parfaits[1] ».

Sur fond d'une théorie généralisée de l'échange, parce qu'elle privilégie l'invitation à l'alliance, la conception de Lévi-Strauss institue le frère et la sœur — et, par dérivation, le cousin et la cousine — comme le couple visé de façon privilégiée par la prohibition. Le couple paradigmatique de ce que Françoise Héritier nomme « inceste du deuxième type », est nécessairement plus secret : son existence ne menace pas l'alliance, il ne fait pas courir au corps social le risque de la guerre mais celui de l'indifférenciation, de l'empire totalitaire du même. Couple d'identiques, aussi parfaitement identiques que possible, il est donc homosexuel (*homos,* le même).

1. Voir Françoise Héritier, « Inceste et substance », in *Incestes* (sous la dir. de J. André), PUF, Petite Bibliothèque de psychanalyse, 2001.

Homosexuel et féminin : les deux sœurs — que dans la plupart des cultures il est interdit à un homme de partager, et donc de réunir — en donnent une première représentation mais, plus radicalement encore, la mère et la fille conjuguent l'identique au presque-parfait. Et pourquoi pas le père et le fils ? Parce qu'à la consanguinité et à l'identité sexuelle la mère et la fille ajoutent l'enfantement de l'une par l'autre, jusqu'à entretenir le fantasme de leur parthénogenèse. Si le clonage reproductif fait horreur à la plupart, il en séduit cependant quelques-uns : les groupes lesbiens américains comptent parmi ses plus fervents partisans. Que le matriarcat cesse enfin de n'être qu'un mythe, rien que des mères et des filles !

Que le même et le féminin participent d'une espèce commune, Nietzsche en avait eu à la fois l'intuition et la terreur. Agonisant, délirant, il s'inquiétait sur son lit de mort des conséquences de sa propre découverte : si l'humanité n'est pas historique, si elle n'est que retour du même, ma mère, ma sœur vont donc revenir ?

Comment faire, comment avoir un enfant sans pour autant se reproduire, sans que le même fasse retour ? Comment un enfant peut-il *naître* et pas seulement *répéter* ? Comment rompre le cycle de la vie et de la mort ? Comment donner le jour à un enfant s'il est promis à la nuit ?

Impossible séparation

« Je ne vous imagine pas ailleurs que dans votre fauteuil… »

Enfant, en colonie de vacances, elle s'appliquait à conserver présente à l'esprit l'image de sa mère, angoissée à l'idée que l'effacement de l'une pourrait être la disparition de l'autre. Une image figée, silhouette immobile, arrêtée près de la fenêtre du salon, hors du temps. Mi-pensante, mi-rêvante, Célia ajouta : « Si vous mourez pendant les vacances, comment je le saurai ? » C'est vrai, me dis-je *in petto*, je n'ai pas son adresse. Il arrive, dans l'atmosphère intemporelle de l'analyse — mêmes jours, mêmes heures, même durée des séances —, que l'éternité s'installe, gagne la situation tout entière, psyché de l'analyste comprise. J'ai quelques difficultés à l'imaginer ailleurs que sur mon divan.

Cherchant à spécifier la forme féminine de l'angoisse, Freud nous a laissé une véritable énigme, prête à accepter plusieurs solutions, ne se contentant d'aucune. C'est en suivant le parcours régressif des séparations qu'il en vient à suggérer que l'angoisse du nourrisson, incapable de se venir à lui-même en aide, menacé par la détresse, toujours au bord de perdre un amour dont il dépend corps et âme, que cette angoisse primitive fournirait à l'angoisse féminine son premier modèle. Féminité, séparation et perte feraient cause commune, sans que Freud argumente outre mesure ce qui pourrait soutenir cette conjonction souterraine. On peut imaginer que, parallèlement au mouvement déductif de la théorie, il conservait à l'esprit ce constat pratique que chaque psychanalyste peut vérifier à son tour : la présence sensible des angoisses de séparation dans les cures de femme.

L'image immobile de Célia, la fixité d'une mère hors du temps et de l'espace, pourrait faire accroire que la séparation reste pour elle enclose dans le silence de l'impensé, et que la fusion ou la symbiose, ces mots devenus sans chair d'être trop convenus, donnent de la relation mère-fille une juste représentation. Il n'en est rien. Célia se souvient de sa colère d'adolescente quand, tout au plaisir d'une randonnée équestre au fin fond des Cévennes, elle découvrit au gîte d'étape qu'elle était précédée et attendue par une carte postale maternelle. Être retrouvée, même là ! Il avait fallu qu'elle s'aventure dans un trekking au cœur de la cordillère des Andes pour qu'enfin sa trace se perde. La séparation, possible-impossible, est un espace conflictuel.

Conflictuel pour l'enfant, et pour la mère. On évoque à loisir l'enfant du *fort/da*, enfant prodige qui, d'un fil et d'une bobine, se joue de l'absence et de la séparation. On oublie que son jeu a une histoire ; Freud la raconte quelques années plus tard[1]. Comment savoir que partir n'est pas mourir, même un peu ? Comment distinguer le « temporaire » de l'absence du « durable » de la perte ? Comment deviner qu'après *fort* il y a *da*, si la mère elle-même n'a pas fait « mûrir cette connaissance » ? Elle joue le premier jeu, celui qui abolit le hasard. Elle recouvre son visage d'un foulard, à moins qu'elle ne le masque simplement de ses deux mains. Les privilégiés se souviennent de la suite, l'éclat du rire qui suit les retrouvailles : « Coucou… » Encore, et encore. Sans doute ne peut-on se jouer de la séparation que si l'objet, l'« unique objet », tolère sa propre perte. Ce n'est pas toujours le patient qui ne sait pas terminer son analyse.

Au-delà de l'humaine condition, quelle complication supplémentaire naît du fait d'être fille ? La différence du sexe n'est certes pas à elle seule une garantie suffisante que se creuse l'écart, que la naissance distingue. Il reste qu'à l'inverse l'identité de

1. Voir Freud, « Inhibition, symptôme et angoisse » (1926), *Œuvres complètes*, tome XVII, PUF, 1992, p. 284.

genre ne facilite pas les distinctions. C'était déjà l'histoire de Rebecca, mais chez Célia l'accent se porte aussi en un autre endroit. Quand l'une conjugue sombrement le même et la mort, l'autre, plus tautologique, ajoute la déclinaison du pareil au même : « Le pire que l'on puisse me dire, c'est que je ressemble de plus en plus à ma mère » — combien de fois entend-on cela ?

Célia ne se fait pourtant pas de sa mère une idée, un portrait dont les signes ne seraient que négatifs. Bien des choses chez elle l'agacent, l'irritent ou provoquent sa colère : sa propension à la plainte par exemple, ou ce qu'elle nomme sa « perfidie », mais elle lui reconnaît volontiers quelques talents, à commencer par celui qu'elle met à peindre et aussi sa patience et le plaisir qu'elle prend avec ses petits-enfants. Des signes d'hostilité entre elles deux elle pourrait faire l'inventaire, mais les gestes de tendresse et parfois de complicité rétablissent à peu de chose près l'équilibre. Rien, en somme, qui ne déroge à l'ordinaire de l'ambivalence et ne puisse expliquer la haine de la ressemblance.

L'inacceptable est ailleurs, d'abord dans la force de destin d'un tel constat. Une façon de lui imposer le visage de sa mère, le visage du passé, comme le miroir de son futur. Et plus encore, peut-être, dans ce sentiment d'inéluctable, que décidément rien n'y fait : de la mère à la fille, il n'y aura jamais d'écart, jamais d'histoire, seulement un retour du même.

Le parallèle masculin de cette hantise n'est pas la crainte symétrique pour l'homme de ressembler à son père, même quand la perspective n'en est pas particulièrement agréable, mais bien celle, autrement inquiétante, de correspondre de plus en plus à l'image de la mère. Le *même* et la *mère* ont sans doute intimement partie liée.

Il n'est d'analyse de femme où la question de l'angoisse de séparation ne conduise sur la voie des Mères ; quand bien même ce qui est mis en avant est une rupture amoureuse avec un homme. C'est devenu une grande banalité que de relier la séparation à la première d'entre elles, la naissance. Mais au-delà du banal, il y a la caution qu'y apporte l'histoire secrète de la langue : « séparation » (et aussi « parent », « primipare ») dérive en partie de *parere*, « faire naître ». D'où peut venir l'assurance que la naissance sépare, que l'histoire est possible et que la vie ne sera pas simple *reproduction*, quand le même engendre le même ? Dans l'angoisse de séparation ce n'est pas, malgré les apparences, la séparation qui est angoissante, c'est *son impossibilité*.

*

Nous en étions aux dernières séances, dernières séances avant les vacances d'été, avant la fin de l'analyse. Nous étions convenus de la coïncidence des deux événements. Elle se demandait, pour plus tard, comment elle pourrait encore s'adresser à moi, pourrait-elle m'écrire ? La cure avait trouvé la voie de sa terminaison, de sa séparation possible et, porté par l'humeur badine et ensoleillée de ce début d'été, je lui fis une suggestion :

— À l'occasion du Nouvel An ?

— Non… plutôt à la Fête des mères.

Un cri du corps

Le visage est livide, défait. L'air de quelqu'un qui vient d'échapper à un accident mortel et se demande, incrédule, s'il est bien réel qu'il soit toujours en vie. À peine installé, Lucien se débarrasse des mots comme on vide son sac, trois phrases qui sont comme trois balles, de celles qui tuent. Ça lui a sauté dessus, là, juste en arrivant, au moment de franchir la porte de l'immeuble, dans le couloir... Trois flashes, trois coups sur le crâne, un assassinat au coin de la rue : « Je vous jette dans la benne à ordures, je vous accroche aux barbelés, je vous pisse dans la gueule. »

Fantasme : « production de l'imaginaire qui permet au moi d'échapper à la réalité ». Quoi qu'on fasse, quoi que la psychanalyse ait écrit depuis plus d'un siècle, la définition proposée par Amiel dans son *Journal* colle aux basques du mot et de la chose. La *réalité* de la réalité psychique est sans doute vouée à demeurer une conquête définitivement provisoire, moment éphémère d'une vérité auprès de laquelle il ne fait pas bon rester. Aussitôt reconnue, déjà oubliée. « Je vous pisse dans la gueule » n'a pourtant rien d'une fantaisie, encore moins d'une échappatoire, ni pour celui que du dedans elle assaille, ni pour celui, impréparé, qui en accuse le coup.

L'histoire de la psychanalyse naissante, en devenant légende, a largement participé à l'enfouissement, à l'effacement de sa propre invention. On connaît l'anecdote, si souvent racontée : « Je ne crois plus à mes *neurotica*[1]. » Exit la réalité, celle des faits de séduction, les yeux enfin dessillés découvrent qu'il *ne* s'agit *que* de fantasmes, autant dire de mensonges. La déception est brève, aussitôt compensée par une pensée édifiante : tout n'est pas perdu, bien au contraire, l'abandon de la réalité est l'invention du fantasme, tout au moins la libération de son espace.

Contre la réécriture par le mythe, la simple lecture de la correspondance avec Fliess indique une autre piste, presque opposée. Quelque temps plus tôt, au mois de mai, Freud construit en un paragraphe lapidaire (Manuscrit M) ce qui reste à ce jour le noyau d'une théorie psychanalytique du fantasme. Bousculant les rapports chronologiques, le fantasme impose au temps son ignorance, se déforme, se fragmente à l'image des processus les plus primaires, conquiert la « dignité », la réalité de

1. Lettre de Freud à Fliess du 21 septembre 1897, nouvelle traduction (F. Khan, J. Laplanche, F. Robert), in *Libres Cahiers pour la psychanalyse*, n° 6, 2002.

la chose inconsciente. À la source du symptôme, il pourrait bien l'être aussi de la pulsion, l'hypothèse en tout cas en est permise (Manuscrit N) : celle d'un fantasme imprimé dans la chair, infiltrat dans les tissus, agent infectieux poussant à la prolifération des zones érogènes. La *réalité* psychique est un corps étranger au regard de laquelle l'autre réalité — extérieure, matérielle, objective — devient soudain naïve, presque imaginaire : nul indice dans l'inconscient ne permet de l'avérer. Le fantasme ne succède pas à la réalité, il la dénature.

« Je vous jette dans la benne à ordures »... La sauvagerie du fantasme n'est pas circonstancielle, elle en est la vérité. Que le fantôme — *phantasma*, l'étymologie est commune — puisse revenir sous la forme, parfois aimable et champêtre, d'une rêverie diurne témoigne de l'infini de ses transformations possibles, ne change rien à la brutalité de sa réalité première. Il m'aurait sans doute été moins aisé d'en restituer la crudité, la cruauté à partir des mots d'une femme. Non qu'une femme prenne des gants là où un homme montrerait la chair à vif, mais parce que d'un homme à un homme, à un même, la spécularité homosexuelle ajoute sa propre dose de destructivité. Élisabeth, Emmy, Katharina, Dora... aussi affolées que soient leurs histoires, leurs « hystères », aucune d'entre elles n'a le ton d'épouvante de celle d'Ernst, alias « Paul », l'homme aux prises avec le rat. « De la façon la plus grossière et la plus ordurière », ce sont toutes les femmes de Freud, le gynécée presque au complet, qu'il jette dans la benne. La fille — le *Mießnik*, le laideron —, avec ses « plaques de merde » à la place des yeux ; la femme, qu'on l'amène, qu'elle lui « lèche le cul » ; la mère, que son fils lui fasse dans la bouche — devant la mère les mots reculent ! Un ange passe, l'attention de l'analyste flotte, vacille peut-être. « Je lui ai donné à lire *La joie de vivre*, le roman de Zola », consigne Freud dans ses notes du soir.

De la violence de l'Homme aux rats, de la vérité mise à nu du fantasme, nous ne sommes sans doute jamais complètement revenus. Le Président Schreber peut bien dire n'importe quoi, notamment le pire, au moins il est psychotique. Mais cet honnête juriste d'Ernst Lanzer, commun des mortels ! Freud, le premier, se chargera de réduire l'événement à de plus acceptables proportions en faisant disparaître du texte publié [1] ce qui vous laisse accroché aux barbelés. Et que dire des commentateurs ! Revu et rasé de près par Lacan [2], notre homme, débarrassé du remugle

1. L'analyse de l'Homme aux rats est la seule analyse de Freud pour laquelle nous disposons des notes quotidiennes qu'il confiait le soir à son *Journal* et à partir desquelles a été conçu le texte publié : « Remarques sur un cas de névrose de contrainte », *Œuvres complètes*, tome IX, *op. cit.*

2. *Le mythe individuel du névrosé*, in *Ornicar ?*, n°s 17-18, 1979. L'histoire de l'Homme aux rats est sale, malodorante, elle est aussi d'une pilosité malséante. Voir Françoise Coblence, « La nature fait bien les choses », in *Libres Cahiers pour la psychanalyse*, n° 8, 2003.

du fantasme, n'est plus que le représentant désigné d'une symbolique de la dette.

À force de tirer le fantasme du côté de l'œuvre de symbolisation, de guetter plein d'espoir sa venue là où il semble faire défaut, on en est venu à méconnaître l'excès de sa présence, ses capacités de nuisance et de déliaison. Entre la benne à ordures et les barbelés, Lucien porte comme un fardeau la part de vérité de Melanie Klein. Avant d'être une phrase, le fantasme est un meurtre. Ses mots sont des choses, des actes. Il n'y a pas de scène du fantasme, faute de spectateur, faute d'auteur. Seulement des acteurs, tous joués par la pièce, mis en pièces plus qu'en scène, possédés par le « texte ». Ce n'est pas à Melanie Klein que l'idée serait venue de définir la psychanalyse comme *talking cure*. Si l'analyste kleinien parle tant, ce n'est pas en hommage au langage mais parce que les mots, ceux de la communication, n'ont pas d'importance, ou d'autre importance que dérivée, secondaire. Il a l'air de parler, en réalité *il fait*, coup pour coup.

Au fond l'objet est mauvais. Dire qu'il persécute est bien trop abstrait, quand chacun de ses actes est un absolu concret, un cri du corps. « Jeter, accrocher, pisser » sont quelques variables d'une série infinie : évider, lacérer, déchirer, empoisonner… Le corps expulse, le corps exulte. Au diable les rats, l'acte du fantasme emprunte aux excrétions leur geste de destruction. Le fantasme manque décidément de fantaisie.

Melanie Klein tenait beaucoup à la fidélité freudienne de son œuvre. Elle n'avait pas toujours tort. À envisager l'objet et le mouvement qui l'engendre, la réflexion de Freud suit deux pistes distinctes. Et d'abord la plus pratiquée d'entre elles : la perte et les retrouvailles. Ce n'est pas assez de dire que l'objet est perdu, que le trouver n'est jamais que le retrouver, il naît de cette perte, de cet éloignement. Cet objet-là alimente la nostalgie, pour la vie. Comment pourrait-il être autre que bon et total ? C'est quand il devient « possible à l'enfant de former la représentation globale de la personne » que l'objet se crée en s'absentant. Un *bon* sein — j'avais toujours pensé qu'il y en avait deux, disait malicieusement Didier Anzieu —, ce n'est pas partiel, c'est *tout.* L'amour et l'absence ont partie liée. Dans « Je t'aime encore plus quand tu n'es pas là », c'est « plus » le mot principal.

Et puis il y a l'autre objet, le mauvais, celui qui sent et multiplie les mauvaises manières. Chassé par la porte, il revient par la fenêtre. Il ne naît pas de la perte mais de la haine. Le mauvais, l'étranger au moi, l'objet, le haï sont tout d'abord identiques. À cette heure-là, la première heure, il n'y a ni perte ni négation. Tout est plein, rien ne manque. Tout est trop. La négation, et avec elle le langage, se souviendra plus tard de toutes ces expulsions, exclusions ; jusqu'à en faire son prototype. Mais c'est une autre histoire. Cracher, pisser ne disent pas encore non, ils exterminent. Le mauvais est en pièces, il met en pièces, il n'a jamais de visage, tout au plus une gueule. L'idée d'un *mauvais* objet *total*, avec ce que « total » suppose de liaison et de synthèse, est aussi vraisemblable qu'un amour maternel qui serait exempt d'ambivalence.

L'inconscient est en enfer. Le temps est loin où l'on pouvait tenir le texte latent du rêve pour la traduction, le livre ouvert de l'inconscient. Étrange renversement, qui fait qu'aujourd'hui la surface du texte, le rêve en somme, insensé, bousculé, sans queue ni tête, nous paraît plus proche de l'étendue de Psyché, de son désordre et de ses séductions. De la rencontre avec Ça nul ne sort indemne, mais au moins on ne s'ennuie pas. Le *Jugement dernier* de Vasari et Zuccari qui décore la coupole du Duomo de Florence n'est certainement pas la plus réussie des fresques, tant est rude la concurrence italienne et renaissante du même motif. Le voyage vaut pourtant la peine, quelque quatre cents marches d'une montée en enfer avant qu'on atteigne la galerie. Quand la plupart des chapelles condamnent le spectateur des fresques au regard lointain, aveugle au détail, nous sommes cette fois à pied d'œuvre. À peu de chose près, là même où les peintres officiaient, aussi proches de l'enfer que du paradis. D'un côté les rouges et les ombres, de l'autre les bleus et les ors.

Là règne superbement le Mauvais, ses tortures polymorphes et ses joies infernales, orgies de sexe et de meurtre. L'angélisme d'en face, peinture édifiante que l'on regarde sans s'arrêter, est à mourir d'ennui — la grisaille du purgatoire n'est guère plus séduisante. « Chassés du paradis », le thème, de Masaccio à Michelangiolo, a produit quelques fortes figures, autant d'Ève et d'Adam au visage livide et défait. Mais du paradis lui-même, connaît-on un seul tableau qui soit une grande œuvre ?

Le lit

« Les deux coussins contre le mur, ils n'étaient pas là avant ? »

Cela fait maintenant quelques années que Blanche vient s'allonger sur le divan, trois fois par semaine. Les deux coussins, de même couleur, distincts par le ton, sont là depuis toujours, seulement séparés d'elle par quelques centimètres.

Hallucination négative ? L'événement de l'hallucination s'accommode mal des longues durées, son temps est plutôt l'instant. Quant à « négative », le mot ne convient pas davantage qui met l'accent sur la disparition quand la perception « manquée » de Blanche vise à faire exister, à tenir, plus qu'à nier. Elle n'a jamais, jusqu'à ce jour, été étendue sur un divan. Malgré l'héritage psychanalytique, qu'elle n'ignore pas, en dépit de l'invitation à y prendre place, que j'avais formulée à l'issue de nos premiers entretiens. Une curiosité du début de l'analyse me revint en mémoire. Pas plus à la première séance qu'à la seconde, elle n'avait abandonné le fauteuil « préliminaire », pour ne se résoudre à rejoindre le « divan » qu'à la troisième et dernière séance de la semaine. Sans autre forme d'explication, sans un mot de compréhension.

Le divan est la contribution de l'orientalisme à la psychanalyse, qui nous vient tout droit de la salle de consultation du Sultan, de son confort garni de coussins, de la lascivité de ses odalisques. Plus de coussins, plus de divan, Blanche aura passé toutes ces années sur un *lit*, à *notre* insu. Pas le lit de la luxure, comme à d'autres le fait craindre l'association trop étroite de la psychanalyse avec la sexualité, mais le lit de « alité ». Le lit de la souffrance, le lit de la patience. Blanche n'est devenue une analysante, n'a rejoint le divan et ses coussins qu'à d'abord avoir été une *patiente*. La cure, sa *clinique* (*Klinikos*, auprès du lit), était pour elle un préalable à l'analyse.

Le nom ne crée pas la chose, au commencement est l'inconscient, pas le Verbe. Il ne suffit pas de dire « divan » pour que le divan soit. Aucune raison pour qu'il n'en aille pas potentiellement de même pour chaque élément du cadre, y compris le plus « objectif ». Cela n'ajoute jamais qu'un paradoxe de plus à une liste déjà longue : l'instauration de la situation analytique a pour condition de possibilité — nécessaire sinon suffisante — la délimitation d'un mur d'enceinte, le tracé d'une frontière. Mais c'est une autre histoire, forte d'illusions, que de croire en connaître les points de passage.

Parce qu'il faut bien que les choses commencent, l'analyste adresse les premiers signes. Aussi peu que possible ? Il est une époque où l'on recommandait au débutant de disposer son cabinet à la mesure de la neutralité : rien au mur, pas d'images, pas de livres, un lieu d'anachorète qui ne laisse rien deviner de l'*intérieur*. Comme si gris, vide et rien, sans même évoquer le verd*âtre* ou le marron*âtre* dont on se croit obligé de recouvrir l'instrument, n'ouvraient aucune porte sur le dedans, n'offraient aucun support à la répétition.

« Cadre », le mot est espagnol — argentin en la circonstance, on le doit à José Bleger — avant de se distribuer dans toutes les langues, voire de se diviser et de se moduler à l'intérieur de chacune d'elles : *frame, setting,* dispositif, situation, site… *Encuadro*, si le mot premier ne signifie pas encadrement, écouté en français il y ressemble déjà. On se souvient de ces temps — faut-il dire révolus ? — de l'histoire institutionnelle où, de façon caricaturale, le but assigné à l'analyse devenait de tenir-maintenir le cadre, l'œil fixé sur l'horizon plutôt que l'oreille ouverte à l'inattendu. Où les supervisions, loin d'être un lieu privilégié pour l'analyse des identifications surmoïques de l'analyste en formation (à son propre analyste, à la théorie, aux idéaux de sa société, à son superviseur…), travaillaient silencieusement à leur renforcement et protégeaient leur méconnaissance.

Cadre et surmoi sont indissociables et ce n'est certainement pas ce compagnonnage qui suffit à disqualifier la compétence du premier. Tout psychanalyste est un héritier, le dépositaire d'une expérience maintenant centenaire. Qu'il le veuille, et sans doute plus encore s'il ne le veut pas : *il sait.* C'est à ce seul titre qu'il parle le premier, qu'il abat la première carte en posant le cadre. Le temps, le rythme des séances, le paiement, les refus (des conseils, de la soumission à la réalité...), tout se passe comme si l'étrangèreté de l'inconscient, l'ouverture sur son inconnu, avait comme pendant et contrepoids le savoir assuré de ce que « cadre » veut dire.

Aussitôt dit, les ennuis commencent. Sans même revenir sur le cas de figure où le surmoi, abusant des circonstances, se satisfait discrètement et à bon compte de l'ordre établi, la seule référence au savoir préalable introduit une difficulté, pour une part irréductible. L'instauration de la situation du côté de l'analyste, instauration jamais acquise une fois pour toutes, a pour condition un refus de savoir, un « se refuser » à savoir sans lequel il ne pourrait y avoir d'attention flottante, également suspendue. L'ensemble des pré-conceptions dont le cadre est porteur ne peut pas ne pas contrarier ce geste inaugural et fondateur. On dit « divan », cela permet au « lit » de se taire.

L'analyse récolte-t-elle autre chose que ce qu'elle sème, ou, pire, ne perçoit-elle que ce qu'elle encadre ? Évitant le labyrinthe des multiples variantes, j'en resterai à une distinction simplificatrice, et donc abusive, des pratiques en cours de part et d'autre du Pas-de-Calais. Là-bas une psychanalyse dont la forme type est celle des cinq séances hebdomadaires : une par jour, sauf pendant la séparation du week-end. Pratique substantielle et nourricière s'il en est, l'une des traces psychiques les plus parlantes de cette continuité d'existence analytique est le fait qu'à ce rythme-là, c'est bien souvent la séance de la veille qui fournit aux rêves de la nuit ses restes diurnes. La vie ne quitte plus l'analyse.

La question suit d'elle-même : dans quelle mesure l'omniprésence du *baby* dans la littérature de référence — le *baby* et ses annexes : relation d'objet (dans relation d'objet, « objet » veut dire la-mère), attachement et amour primaire — est-elle autre chose que l'enregistrement d'une pétition de principe, ou de pratique, quand celle-ci est formellement conçue sur le modèle d'une expérience correctrice de maternage ? Le *baby* est-il ce que l'analyse découvre ou ce qu'elle *engendre*, en instaurant les conditions de la « régression à la dépendance » ?

Le compliment, celui de la « pétition de pratique », est réversible. Il suffit de traverser le Channel pour nous retrouver là où prévaut une autre manière : disons trois séances par semaine, idéalement une séance un jour sur deux, dans une mise en scène du *fort/da*, de l'absence-présence et de ses vertus symbolisatrices. À Londres la-mère toujours là, *good enough*, à Paris le père qui se refuse et ferme la porte de la scène primitive. Là-bas le *baby* qui se plaint, ici l'infantile sexuel et sa bobine, voué à la substitution et à la variabilité de l'objet.

Pour rendre au cadre le mérite qui lui revient, sans doute faut-il retrouver les ingrédients historiques qui, à un moment donné, les années 50, en ont rendu la psychanalyse nécessaire. Est-ce une garantie du caractère révolutionnaire — encore un mot fatigué dont on ose à peine se servir — de sa découverte ? L'institutionnalisation de la psychanalyse n'a de cesse de recouvrir ce qu'elle vient de mettre au jour. Paula Heimann, Ida Macalpine et quelques autres exhument ce que Freud avait clairement exposé en 1915 : l'amour de transfert, les « tempêtes de transfert » ne sont pas des écueils qu'une navigation avisée pourrait éviter, ces intempéries n'ont d'autre source que l'excitation engendrée par le dispositif lui-même. Celui qui dit : « Dites tout ce qui passe par l'esprit… » sera, sinon condamné, en tout cas voué à voir décupler sa mise. C'est la pièce elle-même qui met le feu au théâtre — j'infléchis légèrement la métaphore de Freud.

Si la réponse « technique » de Freud n'en passe pas par le cadre et sa théorie, cependant elle lui ressemble. Tout cela n'est possible, dit-il, l'épreuve n'est envisageable que si le moi, « *l'être de frontière* » précisément, tient le choc. On ne lui demande pas d'être « fort », encore faut-il qu'il ne tombe pas en morceaux. Quand ce bon pasteur Pfister s'inquiète : l'analyse, la dissolution est une chose mais il ne faudrait pas négliger la synthèse, Freud lui répond : « Le travail de synthèse, l'individu s'en charge mieux que nous » — et plutôt trop rapidement que pas assez. Quand il s'en charge ! tel est bien l'implicite présupposé. Nul ne peut se tenir longtemps dans l'équilibre instable du « Je est un autre ». La santé de Psyché oblige qu'on s'empresse d'oublier et de méconnaître qu'il n'y a pas d'in/dividu.

L'ouverture de la question du cadre dans les années 50 est indissociable d'une excursion de la psychanalyse au-delà de ses traditionnelles indications, au-delà de la *border line* qu'elle s'était à elle-même fixée. Pour avoir abandonné la tâche à d'autres, Freud y avait cependant songé, bien aidé, il faut le dire, par les « explorations dans l'incertain » de Ferenczi. Peut-on envisager une psychanalyse des psychotiques ? Probablement pas mais, écrit Freud, en décrivant le patient *limite* avant la lettre : « Il existe une autre catégorie de malades psychiques, en apparence très proches des psychotiques, je veux parler de l'immense foule des névrosés gravement atteints. Les causes aussi bien que les mécanismes pathogéniques de leur maladie doivent être identiques ou tout au moins très semblables à ceux des psychotiques [on est très loin d'une conception structurale de la nosographie]. Mais leur moi, malgré tout, s'est révélé plus résistant, moins désorganisé. En dépit de leurs troubles et des dommages qui en résultent, un grand nombre de ces malades restent encore dans la vie réelle et se montrent parfois disposés à accepter notre aide. C'est leur cas qui doit nous intéresser et nous verrons jusqu'à quel point et par quelles voies nous pourrons les "guérir"[1]. » Tant qu'il y a un moi, tant qu'il y a un cadre...

Ils sont quelques-uns à avoir passé outre aux prudences freudiennes. Herbert Rosenfeld — son exemple me vient sans doute parce que, du divan au lit, il avait précisément franchi le pas ; l'objet envahissait tout l'espace de son cabinet, un vrai lit, avec des couvertures plutôt qu'avec des coussins ; un lit deux places comme on dit, si ce n'est que le patient à lui seul était les deux personnes, et même davantage —, Herbert Rosenfeld donc, évoque une patiente schizophrène dont les absences et les retards — mais « retard » est un mot trop normal, qui ne convient guère, elle arrivait aussi bien avant la séance qu'après qu'elle était finie — rendaient

1. Freud, *Abrégé de psychanalyse* (1938), PUF, 1949, p. 41.

l'analyse impraticable. D'un commun accord (?), afin de remettre un peu d'ordre dans le temps, ils décidèrent qu'elle se lèverait plus tôt le matin. C'était compter sans la multiplicité des moi et leur ignorance réciproque. Quel rapport peut-il bien y avoir entre : se lever tôt / s'attabler pour le *breakfast* / se doucher / prendre le bus / sonner à la porte du psychanalyste... À Antonin Artaud qui venait de lui adresser ses premiers écrits, Jacques Rivière, alors directeur de *La NRF*, répondit : « Je regrette de ne pouvoir publier vos poèmes... il y a des maladresses et surtout des étrangetés déconcertantes. » Artaud se défend, proteste : « Je crois que la plupart des strophes prises en elles-mêmes sont bonnes. Le *rassemblement* seul en détruit la valeur. »

La polysémie du cadre, qui plus est paradoxale, est en elle-même une critique de la rigidité. Du cadre, on attend tout à la fois qu'il soit comme un baquet de Messmer — Jean Laplanche en a repris l'image —, un multiplicateur de l'énergie psychique et de son excitation. Et que par ailleurs il contienne les forces qu'il libère — la déliaison ouvre, doublement et dangereusement, sur l'émancipation comme sur la destruction. Dedans/dehors, il est un peu comme certains tableaux de Max Ernst où le peintre ne s'est pas seulement contenté d'ouvrager l'entour mais, par la couleur et le motif, l'a solidarisé avec la toile.

Au cadre, on demande encore d'exercer sa contrainte à égale distance des deux protagonistes, qu'il soit entre eux comme un tiers, un ordre symbolique, aussi obligeant pour l'un que pour l'autre.

Contenant et tiers, ces deux fonctions sur lesquelles on insiste le plus aujourd'hui sont inséparables de la bousculade du dispositif, du franchissement auxquels conduisent les « nouvelles indications ». Winnicott remarque qu'il est des circonstances, entre effondrement et détresse, où le seul service psychique, à la fois minimum et essentiel, que l'analyste peut rendre à son patient, c'est d'être ponctuel. Le rôle « tiers » du cadre est là pour rappeler que le risque de piétinement des frontières n'est pas du côté du seul patient. Les variantes techniques lacaniennes fournissent une très bonne illustration, en négatif, de la solidarité des problématiques du cadre et du contre-transfert. L'un ne va pas sans l'autre : d'un côté ce qui est une constante dans la tradition pratique freudienne, la durée de la séance, tombe du côté des variables ; de l'autre le contre-transfert est théoriquement disqualifié. Sauf à prêter à l'analyste lacanien un moi particulièrement fort, maître à l'heure de la scansion de ce qui le trouble et le détermine, quel autre moteur que l'inconscient contre-transférentiel le décide à agir [1] ? Chassez le contre-

1. Voir François Gantheret, « Au cœur de l'amour, cela », in *De la passion* (sous la dir. de J. André), PUF, Petite Bibliothèque de psychanalyse, 1999, p. 85-86, dont je reprends la critique.

transfert de la théorie, il revient en acte dans la pratique.

Autre exemple en négatif, mais cette fois du côté de la complicité rigide du cadre et du surmoi : Michael Parsons raconte comment, dans le Londres psychanalytique de l'après-guerre, on pouvait recommander à un analyste qui avait rêvé de son patient de l'adresser à un confrère.

Les frontières de l'analyse, sa *forme* peut-être, d'autres mots que « cadre » auraient sans doute permis une mobilité plus grande de l'interrogation. Mais restons-en à « cadre », puisque tel est l'usage. Ma conviction est qu'il s'agit toujours d'une *hypothèse fausse*. *Hypothèse* nécessaire, il faut bien que l'analyse s'engage, *fausse* parce que les premiers mots parlent sans savoir, en toute méconnaissance de cause. À peine a-t-il indiqué le montant de ses honoraires que le propos de Freud est silencieusement traduit par l'Homme aux rats dans son dialecte : « Tant de florins, tant de rats. » Pensée délicieuse et torturante, qu'il gardera bien au chaud de la culpabilité, avant de s'en défaire six mois plus tard, quand elle aura épuisé tout le masochisme qui fait son charme. Qui peut sérieusement espérer que l'invitation faite au névrosé obsessionnel de régler les honoraires en espèces, *a fortiori* quand l'analyste en rajoute en refusant de *toucher* l'argent, qui peut croire qu'une proposition aussi indécente fasse partie du cadre, de sa neutralité et de sa constance ?

Sauf pour s'y dissimuler et en détourner la nature : non pas permettre l'analyse mais pouvoir y échapper.

Du divan à l'argent en passant par le temps, il n'est d'élément de l'hypothèse d'origine qui ne puisse être détourné. La dissymétrie est là d'emblée qui rompt la continuité du dit et de l'entendu. « Vous m'avez dit trois séances par semaine, dit Blanche, mais une seule ou tous les jours, pour moi, ça aurait été pareil. »

Le congélateur excitable

Un jour, à la fin d'une séance.

Un bruit… un de ces bruits électroniques que l'onomatopée essaye tant bien que mal de traduire par « bip-bip ». Un réveil ? le répondeur ? Il ne sait trop. Il demande : pourquoi n'arrête-t-elle pas ce zinzin qui trouble ses derniers instants sur le divan ?

Elle : C'est mon congélateur, il doit y avoir trop de choses dedans.

Lui : Ce bruit m'agace… pas seulement. Après tout c'est un bruit à vous, un bruit de chez vous. Pourquoi le laisser sonner ?

Elle : Bon, c'est l'heure.

…

Le lendemain, quelques minutes après le début de la séance…

Bip-bip (ou zin-zin).

Elle se lève de son fauteuil, de sa démarche de flamant rose traverse la pièce en direction de la cuisine et parle, au milieu d'un éclat de rire.

— Bon, ça suffit, arrêtez d'exciter mon congélateur, ça ne se passe que lorsque vous êtes là !

Triomphe, bonheur des moments d'élection...

Lui : J'excite votre congélateur, moi seul...

Un bruit lui revient, un de ces bruits dont on dit qu'on ne les supporte pas, à faire frissonner. Un couteau passe et repasse, plusieurs fois. Il frotte un papier argenté, l'emballage d'une barquette de beurre, afin d'en recueillir les derniers restes. Rien que d'y penser, le poil se hérisse... La chair de poule ! Cette évocation désagréable s'est déjà présentée à diverses reprises, au fil des séances, amenant quelques associations, le dégoût pour le beurre jusqu'à une adolescence avancée. Toutes associations qui ont laissé au bruit son épaisseur hostile.

Et brusquement, celui qui vient d'exciter le congélateur se rappelle. Il sait... Les ongles de la mère grattant les jambes à travers les bas Nylon, les frottements des bas de la mère lorsqu'elle marche et, juste après, le bruit du dessus de lit en satin recouvrant la couche parentale. Un satin, il s'en souvient, qu'il a longtemps cru se nommer taffetas, parce que « tafffta », c'est le bruit du satin quand on s'y frotte.

Tout est dit, et entendu, entre le couteau de cuisine, le papier argenté longuement nettoyé et les vertus analytiques du congélateur : des années de bruits inaudibles.

Passage du rêve

Aurore s'allonge, pour la première fois. « Est-ce bien ici que vous m'avez reçue ?… Ce n'était pas dans une pièce symétrique ? Tout est à l'envers. »

L'illusion est forte, sinon entière, au bord du trouble d'identité. Sa position sur le divan, inversée au regard du fauteuil qu'elle occupait lors des premiers entretiens, son demi-tour vis-à-vis de ma propre situation, ces renversements induisent l'incertitude d'optique, ils ne l'expliquent pas. Les significations familiales, regroupées en une scène œdipienne et spéculaire, s'offraient comme une traduction hâtive : les parents se faisaient face, médecin et architecte, ils avaient tous deux tenu cabinet à la maison. C'eût été manquer l'essentiel, le jeu de l'illusion, l'effacement de la ligne qui sépare la fiction de la réalité — ou les *réalités*, psychique et matérielle. D'un même et seul geste, Aurore adoptait la position de l'analysant et passait de l'autre côté du miroir.

Il arrive d'entendre tel patient protester dans un premier temps contre l'artifice d'une situation lui imposant une modalité de communication qui « ne correspond à rien dans la vie ». Avec elle la difficulté serait plutôt inverse, celle d'une trop grande proximité entre l'invitation psychanalytique et sa manière d'être, jusqu'au décalque des styles et la menace que s'installe entre les deux protagonistes ce que Winnicott nomme « connivence inconsciente ».

L'analyste n'a que trop fréquemment l'occasion de trouver laborieux le temps que prend un patient à « entrer » dans l'analyse, quand la pensée prudente se refuse à saisir l'idée qui lui tombe sous la main. Bienvenu le jour où celui-là évoque la vue qu'il a de la fenêtre, la couleur du papier peint qu'il a sous les yeux, ou la lampe à gaz qui pend du plafond ; on sait, note Freud, qu'il s'est alors « acheminé dans le transfert[1] ». Pour en arriver là, Aurore la songeuse n'a nul chemin à parcourir, sur la scène privée de son théâtre intérieur elle s'y trouve déjà. L'idée, chez elle, est incidente.

L'épisode « surréel » de la première séance n'est qu'une des nombreuses façons possibles dont la psyché d'Aurore recouvre de sa réalité le monde environnant. Elle passe au rêve comme d'autres passent à l'acte, même si « passer » décrit mal ce qui

1. Freud, « Psychologie des masses et analyse du moi », *Œuvres complètes*, tome XVI, PUF, 1991, p. 66, n. 1.

relève plutôt d'un état. Cela peut prendre la forme de l'activité fantasmatique. Un léger changement dans le décor, un bruit inhabituel servent à l'imagination de point d'appui. « Le dessus de divan est délavé... Vous avez dû le faire nettoyer, pour enlever les traces... Quand je frappe à la porte avec le heurtoir, je ne laisse pas d'empreintes. Si je donnais un faux nom et que je vous tue, ce serait un crime parfait. »

Au regard de l'attente psychanalytique, celle qui espère la présence des mots-choses de l'inconscient mêlés à la langue commune, que souhaiter de plus ? Presque une patiente de rêve. L'analyse, l'analyste sont bien souvent ses compagnons de la nuit. « Je venais ici, je ne trouvais pas le chemin... J'ai pensé que c'était parce que vous n'étiez pas là. » « Vous écriviez un journal intime... un livre avec des pages blanches. » « J'avais des problèmes pour vous payer, je ne retrouvais pas les billets, et quand je les retrouvais ils étaient imprimés d'un seul côté. » « Je venais ici, je ne trouvais pas la porte, le numéro avait changé. Je trouvais enfin... Dans la salle d'attente il y avait des gens qui attendaient pour passer le concours pour être analyste. Il y avait des trucs à remplir, j'écrivais, ça s'effaçait en même temps, comme une ardoise magique... »

Rêve de transfert ou transfert rêvé ? Écouter un patient comme on écoute un rêve... « Écouter et entendre dans la psychanalyse c'est faire en quelque sorte du rêve le "prisme" des mots qui en recueille la visualité et qui en diffracte les figures [1]. » D'un côté une parole d'analysant portant la marque de l'élaboration secondaire, cherchant à suivre le fil, à sauver la logique, de l'autre une oreille rêvante, diffractante, permettant aux figures celées dans le discours de se délier. Mais quand la parole est parole de rêve, bien au-delà des seuls récits oniriques, comment, d'où la surprendre ? D'où peut alors surgir cette dissymétrie fondatrice de la position, plus précisément ici de la communication, analytique ? Parmi les mille et une façons d'esquiver l'analyse, il y a celle qui consiste à s'y loger d'emblée, de plain-pied, la privant du geste qui l'instaure. Tout se passe comme si la première partie de la cure d'Aurore s'était déroulée dans le cabinet spéculaire, symétrique et inversé. Le moment inaugural de la première séance dévoile la construction psychique inconsciente, en même temps que l'inaccessibilité qui lui est inhérente. Le risque est alors que l'analyse ne soit que l'illusion de l'analyse, son double, sans que l'analyste, plus réfléchi, plus reflété qu'absentisé, puisse s'en saisir.

La connivence inconsciente peut alors s'entendre comme le symptôme par lequel Psyché immobilise, paralyse l'analyste, et pas seulement son fonctionnement de pensée. Pour être l'élément de la parole, le

1. Pierre Fédida, *Le site de l'étranger*, PUF, 1995, p. 57.

rêve cesse d'être cet *événement* de l'inconscient, cette ouverture sur la régression qu'il permet dans bien des cas. Entre les mots d'Aurore, rien ne distingue les rêveries en séance des rêves rapportés, simples restes nocturnes pour l'analyse. Rien ne *remarque* le rêve.

Comment sortir du cercle ? En adoptant le point de vue du bon sens, ou du sens des réalités, le point de vue de la perspective vis-à-vis de celle qui, comme Aurore, ne sait pas la construire quand elle dessine ? Une telle position serait pour le moins paradoxale, et sans doute difficile à tenir. Aimant la compagnie des chevaux, elle avait assisté, participé à l'« accouchement » d'une jument. « Contrairement à ce qu'on dit, la femelle ne réingurgite pas le placenta », dit-elle. Je ne résistai pas à la tentation du bon sens, ou des pieds sur terre : « Ce serait beaucoup demander à une herbivore. »

Quand Alice franchit le miroir, elle se dit avec malice : on pourra me voir dans la glace, mais on ne pourra pas m'attraper. La fantaisie a des pouvoirs de séduction — pour une oreille qui ne demande pas mieux, quand bien même elle veut se croire « en égal suspens » — qui ne cessent pas le jour où est perçue sa fonction défensive. Le péril existe, que l'on glisse de la fiction dans l'analyse à l'analyse de fiction.

Comment l'oreille pourrait-elle encore tinter quand « tout est chargé de sens et interprétable » ?

Comment rompre le charme ? Comment se dégager d'une manipulation de fait, sans qu'il soit aisé, dans ce jeu d'optique, de décider qui manipule qui ? « J'ai compté en partant de chez moi le nombre de portes que je dois franchir avant d'arriver ici : douze… Au bout de votre couloir il y a une porte fermée avec un rai de lumière, il y a un jardin derrière ou un terrain vague ? » Je prolonge : « De l'autre côté de la porte ? » Elle enchaîne : « J'ai lu un livre qui ferait un très bon scénario, l'histoire d'un homme à qui il arrive des tas de choses invraisemblables en une nuit, qui en fait est manipulé par quelqu'un qui connaît aussi bien que lui Lewis Carroll. »

... ne...

Elle écrit sans ponctuation, elle parle de même. Les premiers mots coïncident avec l'instant où sa tête rencontre l'oreiller et il n'y a pas de dernier mot. Je n'ai d'autre possibilité pour indiquer la fin de la séance que de l'interrompre. Que le propos hésite, que le mot à venir se fasse attendre, elle prépose un petit mot, un « et » ou un « mais », qui se charge en s'étirant de relier ce qui menace de se dissocier. Elle pense, elle parle, les deux gestes se décalquent sans reste. Lui indiquer : « Dites tout ce qui passe... » eût été une invitation incongrue.

Chaque phrase prend pour objet un mot de la phrase précédente ; pour le préciser, le circonscrire, pour enfin énoncer le mot juste, celui qui est juste un mot, sans autre épaisseur que lui-même. Un mot qui d'être écouté ne puisse jamais être entendu, si « entendre » commence, déborde, là où s'arrête la chose dite. Comme est disqualifiée la prétention de la règle à être fondamentale, l'égal suspens de l'écoute reste suspendu en vain, pour rien. On ne soupçonne guère le labeur de tous les instants, l'intensité psychique nécessaires pour parvenir à l'insignifiance. Parler *pour* ne rien dire, faire échouer le langage, vider le mot de son équivoque… Comment empêcher le langage, qui ne demande que ça, de désigner, de se référer, de s'adresser ?

Jamais un lapsus ne trouble l'étang des mots. La réussite d'un lapsus n'est possible que si, sous la surface, la couche de la langue est épaisse ; l'épaisseur d'un champ sémantique, phonétique. Un mot ne peut en distraire un autre, le surprendre, que si la pensée est secrète.

Elle communique, mais dans un mouvement de dérision où la communication ne communique plus qu'elle-même. Nul doute qu'elle occupe avec compétence le poste de responsabilité qui est le sien dans son entreprise : chargée de la communication.

Yves Bonnefoy dit de la poésie qu'elle est une protestation contre le langage, contre la perte du monde qui est au principe de l'expérience langagière. Ce qui fait le tragique de l'acte poétique, le fossé définitif qui sépare le mot du monde, est au contraire ce que son propos accentue, le lieu où il prospère, le défaut qu'il rémunère. Elle prend le mot au mot : le mot n'est pas la chose, tel n'est pas son échec mais sa réussite, celle qui congédie la référence.

Difficile pourtant de se tenir en équilibre au-dessus de cet espace vide, notamment quand le mot devient *propre*, son prénom par exemple. Comment ne pas être identifiée par ce qui vous nomme, comment éviter de *répondre* à ce qu'on s'appelle ? Elle détourne la menace en n'habitant pas son prénom. Quand elle écrit une lettre, une lettre « personnelle », elle signe : « Moi ». Nulle vanité dans ce geste, ce moi-là est à mille lieues du « Moa-Je ». Il faut plutôt l'entendre au pied de la langue et de son système. Comme tous les déictiques — ces petits mots de circonstance qui désignent et montrent sans disposer eux-mêmes de la moindre dénotation concrète, qui n'ont d'autre référence que l'instance de discours, la phrase, qui les contient — « moi » est une forme vide, libre à l'usage. « Moi » n'est personne, d'où l'agacement devant l'imposture que tout un chacun peut éprouver quand au « C'est qui ? » adressé à l'interphone répond un « Moi ! » qui se prend pour Qui.

« J'ai eu beaucoup de mal à venir aujourd'hui… Si j'étais pas venue ça aurait été encore plus dur demain. » Nous avons malheureusement les fautes de grammaire, il est probable qu'elles font perdre à l'analyste ce qui, dans le registre des significations, lui échappe moins aisément : l'inscription singulière de l'individu dans la langue, syntaxe comprise. Il est plus aisé pour l'oreille de retenir un sens déplacé, sans même parler d'un lapsus, que d'accorder tout son poids à une concordance malencontreuse des temps ou à une construction imparfaite. « Si j'étais pas venue » et non : « Si je n'étais pas venue. » L'écart est d'autant moins remarquable qu'il est conforme à l'usage. Comme elle, comme tout le monde, j'efface moi-même le plus souvent en parlant le « ne » de la forme négative. Sa régularité sans faille, jamais prise en défaut, n'est pourtant pas si banale. Qu'est-ce qui de l'entre-deux du transfert fait qu'à tel moment, au cours de telle séance, ce « ne » plus inexistant qu'absent a pris sens ? Jusqu'à me convaincre qu'il fallait accorder à « être rien » ou « être pas » toute sa valence positive.

Ce rien-là n'est pas une grandeur négative, il ne s'oppose pas, il n'a pas de contraire, encore moins d'adversaire. Sa valence est moins positive que neutre.

Elle dit ni oui ni non, elle dit rien. Tout au moins elle essaye.

Depuis *Le sophiste* jusqu'à Saussure et sa pensée de la discontinuité (« Dans la langue il n'y a que du négatif »), nous savons que la négation est constitutive de l'expérience du langage. De la séparation entre le mot et le monde jusqu'à l'écart pertinent qui discrimine les phonèmes en passant par la distinction des significations, le négatif est à la fois la marque d'une perte au cœur du langage et ce qui le rend possible. Le langage, comme l'objet d'amour (et de haine), ne doit le paradoxe de son existence qu'à la perte qui le fonde. L'objet, comme le mot, naît de la distance qu'il faut bien se résoudre à lui laisser prendre. Freud doit au moins autant à sa tendresse de grand-père qu'à sa perspicacité d'analyste d'avoir fait cette découverte pour son propre compte en observant son petit-fils jouer et parler le jeu de l'amour et du hasard, de l'absence, *fort*, et des retrouvailles, *da*.

D'un « coup de blanc », comme on le dit en typographie, elle efface bien plus que le « ne », elle lisse la langue jusqu'à en estomper la négativité et ses déterminations ; une façon d'inventer le neutre pour une syntaxe qui n'en dispose pas. Elle parle une langue qu'elle souhaiterait insaisissable plus encore qu'incompréhensible. Il y a quelques bonnes raisons de penser, lorsque la négation s'absente de la langue au point d'en menacer la logique, l'espace d'un « ne » inexistant, que l'amour et l'excès de son désarroi ne sont pas très éloignés. Est-il imaginable que l'on puisse disposer de la maîtrise intellectuelle de la langue sans en avoir jamais véritablement traversé l'*expérience* — l'expérience des pertes, dont le langage est le précipité ? Peut-on déshabiter la langue et cependant faire comme si on y était ?

Quelques années plus tard, mais c'est une autre histoire, « ne » est arrivé. Étrangement, comme s'il fallait lui apprendre à trouver sa place, tel un petit mot ne sachant pas où se mettre, s'accrochant maladroitement au « pas » : « en ne pas prenant », « en ne pas voulant »… Mais c'est une autre personne qui parle, qui apprend à parler.

Les yeux

Les mots sont rares. Ce n'est pas qu'il soit difficile à Anaïs de les dire, elle ne les a pas. Comme si le geste de la parole n'était pas complètement acquis. « Communiquer » est vraiment un de ces mots bavards qui parlent sans savoir, présupposant le partage, la part commune, la communauté, quand c'est là ce qu'il faut inventer.

Si toute définition générale de l'analyse est imprudente, c'est qu'il se trouvera toujours une situation pour infirmer de son exception la règle que l'on vient à peine d'établir. « Être analyste, écrit Pierre Fédida, c'est écouter avec l'inquiétante étrangeté. » Je souscris volontiers au propos, à sa grande généralité, sauf que parfois ce qui manque, l'expérience absente, est inversement celle du *heimlich*, celle du familier.

L'image arrive souvent sous cette forme : l'analyse touchera à sa fin quand... Ce qui suit a tout d'un inventaire à la Perec : quand elle aimera danser, quand il saura nager sous l'eau, quand il présentera un concours de soliste, quand elle rencontrera un homme autre que « perdu sans collier », quand il pourra penser à rien, quand elle découvrira que j'existe, quand il arrêtera d'avoir faim, quand elle cessera de confondre « faire une analyse » et « faire une scène », quand il (ou elle) prendra une maîtresse, quand elle aura le temps... Au fil d'une même analyse, les images changent. Leur valeur prédictive, elle, vaut ce que vaut le bulletin météo. Pour Anaïs l'image était : quand nous pourrons parler tranquillement de la pluie et du beau temps.

Son regard se pose nulle part, comme perdu. Sauf à de rares instants, furtivement et fixement, quelques secondes, quand elle me regarde dans les yeux, aussi vivement qu'imprévisiblement. « Les autres vous regardent ?... Je n'arrive pas à regarder dans les yeux celui à qui je parle. » Le message est clair, les voies déjà frayées pour l'entendre, celles de la phobie et de son évitement, qui mènent à l'infantilisme du fantasme, exhibitionniste peut-être... Quand arrive tout autre chose : « Je n'arrive pas à regarder dans les yeux, je ne sais pas quand commencer, quand arrêter. »

Cette ignorance lui avait valu quelques désagréments à l'adolescence quand, soucieuse d'apprendre par l'expérience, elle regardait dans les yeux la personne assise en face d'elle dans le bus ; pour s'étonner ensuite d'être suivie à la descente et importunée sur le trottoir.

Anaïs déambule dans des régions de la psyché, des recoins de Rome, à filer la métaphore freudienne, où on ne serait jamais allé par soi-même ; faute de deviner que de tels espaces existent, ou pour les croire réservés à la seule spéculation théorique. L'originalité de son point de vue en découvre d'autres. L'idée de qualifier le transfert : positif, négatif, paternel, maternel — toutes marques qui signent davantage la compulsion de répétition que le mouvement —, cette idée ne vient pas. Le sentiment est plutôt celui d'une épure du transfert, comme si à chaque fois s'ouvrait la première adresse, se découvrait autrui et son énigme. Respirer, manger, parler… Les faillites ultérieures montrent que rien ne se sait, que tout s'apprend. Autrui aussi, Anaïs n'en a pas le mode d'emploi. Quand, en société, elle s'aventure à raconter, elle bute sur la même difficulté, non qu'elle manque de la manière, du talent nécessaires au récit d'une histoire : elle ne sait pas où s'arrêter. Ses histoires n'ont pas de chute. Arrivent toujours les visages de perplexité et l'inévitable « Et alors ? », qui la laisse à chaque fois muette, comme bête.

Une fois qu'on a frappé à la porte, elle s'ouvre. Comment faire face à la rencontre obligée, quand bien même elle se renouvelle plusieurs fois par semaine ? À un critique qui lui faisait remarquer :

« Mais enfin, ce que vous peignez, ce sont des représentations », Balthus répondit : « Ah bon ! la présentation a déjà eu lieu ? » Pour Anaïs c'est toujours la première fois, faute de savoir elle fait comme elle a vu faire. J'ouvre, elle est là, l'épaule contre le chambranle, le corps oblique, les pieds croisés, dans la pose d'une attente nonchalante et familière que la séance à venir va s'empresser de démentir.

Présent, passé, conditionnel

« Je pourrais crever là la bouche ouverte, vous feriez rien. »

Beaucoup plus tard, quelques années d'analyse plus loin, revint le souvenir de cette phrase, du désespoir de ce moment. Une évocation portant la trace sensible de la douleur d'autrefois mais témoignant en même temps de la distance conquise à son endroit.

La seule possibilité de cette évocation tient précisément au souvenir, à l'existence du souvenir. Que quelque chose ait lieu n'en garantit en aucune façon l'inscription historique, non que la chose soit oubliée — l'oubli est compagnon du souvenir, tous deux puisent à la même veine —, mais parce qu'elle n'est pas *passée*. Parce que le passé, cette catégorie du temps sans laquelle il n'y a ni souvenir ni histoire, n'est pas psychiquement constitué. Comme si le lieu n'en était pas tracé.

Noémie dit qu'elle avait sans doute eu besoin

d'aller jusque-là, jusqu'à cette extrémité, et qu'elle n'aurait sûrement pas supporté que je « fasse » quelque chose. Faire quoi ? Interpréter, par exemple ? Ce n'était pourtant pas faute d'indices, tant la jeune femme allongée sur le divan, dans son état de détresse, faisait penser par son cri au nourrisson qu'elle avait été, poussant le défi de l'anorexie jusqu'au risque vital, sous l'œil incompétent ou indifférent de parents qui ne durent qu'à un ami de prendre la mesure du danger.

Qu'est-ce qui m'avait permis de résister à la tentation des mots, ceux qui s'empressent de saisir, de comprendre… de nourrir, d'opposer leur compétence à celle qui autrefois fit défaut ? Rien d'aisément théorisable, si ce n'est l'intuition de l'instant, qui donne à penser que la création de l'événement, de son *présent*, importe plus alors que sa traduction. Non pas *faire, être* seulement.

Du bon sens de saint Augustin à l'évidence chez Husserl, les réflexions philosophiques sur le temps s'entendent le plus souvent sur un même point de départ : l'idée que la « conscience intime du temps » appartient au patrimoine commun, qu'à l'homme rien n'est plus « familier » que le sentiment de sa propre existence dans le temps. L'interrogation psychanalytique, d'abord celle de Freud, repose sur un présupposé voisin. « Passé, présent, avenir sont comme enfilés sur le cordeau du désir qui les traverse[1] », écrit-il, privilégiant dans cette triade le premier d'entre eux, le temps de l'infantile. À l'inverse, phénoménologie et philosophies de l'existence, entre intentionnalité et être-pour, accordent à l'avenir une préséance, celle d'organiser la flèche du temps. Mais ce débat, où passé et avenir se disputent le primat, ne dit rien de la genèse psychique du temps lui-même, de la construction de sa forme et de l'élaboration de sa continuité, pourtant préalables à tout découpage.

S'il s'agit *a minima* de s'organiser dans le temps, le temps mondain, une montre et un agenda suffisent. Cela ne nécessite encore aucune *intimité*. C'est un des plus forts paradoxes de l'analyse, que de la parole adressée à l'étranger puisse *naître* l'intime, bien en deçà de la question de sa révélation. Pas plus que le temps, l'intériorité n'est une forme *a priori* de la vie psychique.

« Depuis la séance d'hier, j'ai pensé… », « Au début, quand je venais ici… », il est difficile de restituer, hors du cercle des familiers de l'analyse, à quel point ces quelques mots tout simples, pour simplement exister, supposent chez certains un accouchement particulièrement difficile, voire improbable ; en tout cas, jamais assuré. Quand

1. Freud, « Le créateur littéraire et la fantaisie », *L'inquiétante étrangeté et autres essais*, Gallimard, coll. Connaissance de l'inconscient, série Traductions nouvelles, 1985, p. 39.

l'histoire, l'historicité n'est pas une catégorie psychique déjà-là, mais qu'elle se dégage petit à petit au décours de la cure, c'est comme histoire du transfert qu'elle se donne à entendre ; pour en composer le passé et en inventer l'imparfait.

Jamais, me semble-t-il, un tel mouvement ne résulte de la levée de l'amnésie infantile, mais toujours de la transformation du présent objectif, mondain, de la séance en un *présent vivant* — expression plus dérobée à Husserl qu'elle ne lui est empruntée, tant le sens en est ici déplacé. Cette transformation, son moment, peut-on le raconter ? Peut-on faire le récit du *présent*, de son invention ?

Souvent Noémie ne vient pas. Je l'attends, je sais d'expérience qu'elle peut arriver quelques minutes juste avant la fin, voire — c'est arrivé en une occasion — à l'instant où la séance se termine, en toute méconnaissance du temps qu'il fait, de l'heure qu'il est. Quand elle ne vient pas, jamais elle ne prévient. « Si je préviens, la séance n'a pas lieu. »

De l'*inattendu*, Noémie a fait l'élément de l'analyse. Elle peut dire : « Depuis la séance d'hier... », quand bien même hier elle n'était pas là. Elle ne se trompe pas, la séance a bien eu lieu, à la fois du dedans, *chargé* que je suis de l'attendre, et du dehors : où qu'elle soit, quoi qu'elle fasse, l'espace/temps de la séance surimprime quelque chose de singulier, d'inactuel à ce que le monde lui propose à ce moment-là.

Pour raconter le présent naissant, peut-être faudrait-il inventer un espace/temps supplémentaire : l'absent [1]. La langue dit vrai, qui n'a qu'un mot pour dire « présent » et « présence ». Le présent est une *coïncidence*, de l'être et du temps. Seule l'existence psychique d'un « en présence de » donne au présent son éventuelle consistance. Avant d'en arriver là, Noémie, pendant longtemps, n'aura pu se permettre d'ajouter à sa présence psychique la réalité de son être-là. « Présente je vous fuis, absente je vous trouve. »

L'enfant à la bobine, ce jeune héros de la mythologie psychanalytique, ne peut jouer à l'absence et à la séparation, *fort/da*, loin/là, il ne peut *se jouer* de l'une et de l'autre que parce que l'énoncé paralogique « Ma mère est/absente » — comment peut-on à la fois « *to be* » et « *not to be* » ? —, parce que cet énoncé proprement *impensable* ne le rend pas fou. Son jeu a les accents de la victoire, de la revanche, d'abord sur la mère lointaine, ensuite sur sa propre faiblesse, enfin sur la folie de la langue.

Noémie n'en est pas là, elle apprend seulement à faire ses premiers pas, explorant d'absence en absence son aptitude à la survie. L'impensable pensée, elle me la laisse ou, mieux, me l'abandonne.

1. La liste serait longue, très longue, de ceux qu'il faudrait citer pour leur contribution à cette question. Juste quelques noms : celui de Winnicott, entre *being* et *doing*, d'André Green — absence et symbolisation —, et de Pierre Fédida — absence et personne.

À moi de me dire en l'attendant : « Elle *est absente.* » Tout cela nous laisse encore loin du jeu. En voudrait-on une preuve ? Je l'attends, sans jamais disposer de la liberté de l'oublier.

Il est à craindre que le récit du voyage, celui qui mène de l'absence à la coïncidence du présent, que ce récit soit toujours en manque d'un épisode. « Je pourrais crever là la bouche ouverte, vous feriez rien. » Par sa tension, son âpreté, un tel moment n'est-il pas à même d'illustrer ce que « présent vivant » veut dire ? Il en est sans doute aussi proche que possible, pas très éloigné de l'« effondrement » que Winnicott cherche à décrire. Sous son double aspect : *breakdown* du patient d'un côté, menace sur la continuité d'être de l'analyste de l'autre, qui le porte au passage à l'acte, ne serait-ce que celui de l'interprétation. La fécondité, le vivant de ce moment anorexique, dont témoignera après coup l'analyse de Noémie, ajoute à cet ensemble d'impressions. Pourtant, à bien entendre, à réécouter ces quelques mots, c'est au conditionnel qu'ils s'énoncent : « Je pourrais, vous feriez. » Le conditionnel est frère de l'imparfait, d'un temps qui marque plus que tout autre l'*existence* du passé, son mouvement, sa vie et sa durée. Et l'existence du passé suppose que le présent, la rencontre de l'être et du temps, a déjà eu lieu ; qu'elle nous a, sinon échappé, tout au moins *possédés.*

La suite appartient au *playing* de l'analyse. Le conditionnel refait l'histoire, plus fortement il l'imagine, la crée, en décèle la nature paradoxale de fiction et rappelle que le fantasme précède le souvenir. Le désespoir désespère du passé, toujours, c'est bien lui qu'il s'agit de changer, mieux : d'inventer.

La violence, la détresse du moment évoqué sont certes éloignées du « On dirait que… » par lequel les enfants annoncent le début du jeu. Il n'est pas sûr pourtant que cette distance signifie une différence radicale. Comme les jeux de l'enfance, le transfert est un présent différé, il répète ce qui n'a jamais eu lieu.

La contradiction

« Ce que je veux, c'est ce que je ne veux pas… Non… »

Trop tard ! Il suffit qu'un lapsus soit entendu pour qu'il s'ensuive un long silence, un instant d'éternité, quand bien même il ne durerait qu'une seconde. Un étranger vient de s'installer à demeure, sans crier gare. Elle se reprend, rétablit ce que, *elle*, voulait dire, avant que l'*autre* ne lui grille la politesse : « Ce que je veux, c'est ce que je n'ai pas. »

Ambivalence… Le temps qui passe ne vaut rien aux mots de la théorie. Et, dans cette histoire, rien n'est pire que le succès. Qui ne conviendrait, aujourd'hui, que là où l'amour s'adresse à l'objet, s'ignore, se dissimule ou simplement se retient une haine prête à sourdre, quand bien même rien ne la manifesterait ? L'inverse est vrai, et cette fois l'idée est moins commune, d'un amour qui serait à l'abri d'une haine contraire. Que l'amour puisse être plus dangereux pour l'équilibre de Psyché que ne l'est l'évidente violence de la haine, cette étrange construction a conservé une part définitive de surprise.

Ambivalence, à quoi nous sert maintenant ce mot, que nous permet-il encore de découvrir quand il est à ce point admis que les sentiments contraires se partagent, se disputent le même objet ? Sauf peut-être à en reconnaître la source, à en retrouver l'invention. Eugen Bleuler crée le mot dont il fait le titre de sa conférence de 1910. Tant de néologismes sont usés à peine forgés qu'il faut souligner la chance de Bleuler en la matière. C'est à lui aussi que l'on doit « autisme ». Dans un cas comme dans l'autre, ambivalence comme autisme, c'est dans l'œuvre de Freud que Bleuler écrit sa propre langue. « Autisme » par soustraction d'Éros dans « auto-érotisme », « ambivalence » en lisant *L'Homme aux rats*, publié en 1909.

Le mot à peine inventé, Freud l'adopte tant il *nomme* la chose qu'il cherche à saisir. Il l'adopte et tout de suite en fait grand usage : « ambivalence » fait le titre et le contenu du deuxième chapitre de *Totem et tabou* (1911). La chose, ce n'est pas simplement l'antique vérité qui fait que là où règne l'amour menace la haine. Cela, Freud, qui lit Shakespeare depuis l'enfance, n'a pas attendu sa propre invention, celle de la psychanalyse, pour en deviner quelque chose. Ce que l'Homme aux rats lui apprend est certes proche de ce savoir ancestral, mais l'essentiel de la nouveauté réside dans une

« petite différence », un pas de côté. Non pas la haine après l'amour, ou l'inverse, mais haine et amour *ambo*, les deux en même temps, en même lieu, voire en même geste. « Ce que je veux, c'est ce que je ne veux pas. » Très exactement comme dans la Rome mythique reconstruite par Freud, le Palazzo Caffarelli et le temple de Jupiter Capitolin coexistent en un même point, sur le même plan. *L'ambivalence ignore la contradiction.* Imagine-t-on un psychanalyste disant à son patient, qui après avoir évoqué l'amour que lui inspire sa mère lui crache au visage tout son venin : « Faudrait savoir ! » Il peut bien y avoir une conscience des sentiments contraires, l'ambivalence, elle, est un processus primaire.

Intégrer, synthétiser l'ambivalence comme il est devenu coutumier de le dire après Melanie Klein et au sortir de la position dépressive n'a aucun sens au regard de la notion d'origine. Un même mot loge une autre chose. Pour la chose première, il faut l'impromptu du lapsus pour espérer en entendre quelque chose : entendre contre la langue, et son principe de non-contradiction ; quand l'intégration, l'ambivalence intégrée, elle, s'accommode de la dialectique, voire s'y soumet.

C'est au fond rassurant de voir Freud en personne se laisser emporter par son patient dans la controverse : « Il dit… j'objecte… j'illustre, j'argumente, je plaide ma cause… il est ébranlé, sans abandonner la contradiction, si bien que j'interromps la controverse[1]. » Qui, un jour, n'est pas tombé dans le piège ? L'ambivalence n'ignore de la contradiction que sa logique, pour le reste elle en cultive la forme comme on titille une zone érogène. La contradiction ne demande qu'à devenir esprit, contre le dire. En latin théologique, la *contradictio* est synonyme de « différend », d'« insulte ». Après chacune de mes interventions, sa phrase commence toujours par « Non… ». Profitant d'une circonstance favorable, je crois pouvoir lui faire entendre :

— Décidément c'est toujours non !

— Non, mais…

Le pur génie de la névrose est là, dans l'art de loger à la même enseigne amour et haine, souhait et contre-souhait, dans l'habileté à se tenir, en presque permanence, à la pointe exquise de la contrainte psychique, *Zwangsneurose.* Comment est-il supportable d'aligner sur la corde à linge une paire de chaussettes avec deux pinces de couleurs différentes ? Ce livre dans votre bibliothèque dont la tranche est à l'envers de tous les autres, vous le faites exprès ?

Le moi éprouve un penchant à la synthèse, il aime réunir, concilier. Qu'à cela ne tienne, la ruse démoniaque de l'inconscient, qui jouit de l'ambivalence et ignore la négation, ne demande pas mieux

1. Freud, « Remarques sur un cas de névrose de contrainte », *Œuvres complètes,* tome IX, *op. cit.*, p. 155.

qu'à épouser ce penchant vertueux, imposant au moi un grand écart : faire servir les buts de la pulsion par cela même qui les combat, confondre en un seul geste la restriction et la satisfaction. Quand j'avais six ans, dit l'Homme aux rats, « je souffrais d'érections ». Admirable formule, complétée par une scène touchante où l'ambivalence s'accomplit comme le désir se réalise : « Je m'en suis plaint à ma mère… »

C'est à devenir fou, et le parent du futur obsessionnel participe à l'effort : « Tu préfères qui, papa ou maman ? » Résultat — ou point de départ —, comment distinguer encore le meurtre de l'acte sexuel ? « Je te baise, je te tue », ou l'inverse. L'Homme aux rats a retardé autant que possible le moment fatidique, avant de céder. Il a vingt-six ans quand il commet le premier acte sexuel. À l'acmé du geste, n'en pouvant plus, il se relève, hirsute et triomphant : « Mais c'est formidable, pour ça on pourrait tuer son père ! »

Désespoir d'être

« Je suis un mensonge ambulant, à peine les mots prononcés, ils s'éloignent. Dès que je parle, je me quitte. »

Comment faire sans se regarder faire, dire sans s'entendre dire ? « *Je me...* », la réflexion est une torture, un enfermement entre ses propres murs. Quelle dérision à prétendre se raconter ici plusieurs fois par semaine, quelle vanité à espérer se représenter, quand la *présentation* n'a jamais eu lieu. « Soi » n'est décidément qu'une abréviation de « soi-même », l'identité de *soi* à *soi* une illusion instable sur fond d'une division irréductible.

Si l'importation du *self* dans la langue psychanalytique française a quelque intérêt, c'est moins afin de compléter une liste des instances défaillantes que pour restituer, via la traduction hésitante, une incertitude concernant la chose même : *myself* (moi-*même*), *self-aware* (conscient de *soi-même*), *self-hatred* (haine de *soi*), *self-analysis* (*auto*-analyse)...

Auto, soi, soi-même, même... La problématique de l'identité, quand elle impose à la cure son interrogation, manque rarement de souligner la pauvreté intrinsèque du langage, son épuisement à dire une souffrance dont il peut tout au plus se faire narcissiquement l'*écho*.

Le commentaire théorique en conserve la trace. Sous la plume de Winnicott, cela donne : « Se sentir réel, c'est plus qu'exister, c'est trouver un moyen d'exister soi-même, pour se relier aux objets en tant que soi-même et pour avoir un soi où se réfugier afin de se détendre[1]. » Trouver son propre soi, être capable d'exister, se sentir réel... Cette *platitude* du propos en est la vérité. *Soi-même* n'est qu'une plainte, muette ou lancinante, quand l'image dans le miroir, son évanescence, son inconsistance, impose sa primauté, devient *première* aux dépens de la chose reflétée. Quand tout devient *as if*, « comme si », sans qu'on sache dire *comme quoi*.

Il n'est pas sûr que le philosophe, celui de l'existence et de son désespoir, s'en tire beaucoup mieux : « Le moi est un rapport se rapportant à lui-même, il est dans le rapport l'articulation intérieure de ce rapport ; le moi n'est pas le rapport, mais le retour sur lui-même du rapport. » Réflexivité, spécularité enferment le propos de Kierkegaard, qui multiplie

1. D.W. Winnicott, *Jeu et réalité* (1971), Gallimard, coll. Connaissance de l'inconscient, 1975, p. 161.

les formulations circulaires où le premier mot est aussi *le dernier mot.* Qu'y a-t-il au centre insaisissable de ce langage enroulé sur lui-même ? L'ineffable de l'être ou le silence vide du néant ? Le désespoir, c'est tout autant ne pas vouloir être soi-même, vouloir se débarrasser de son moi, que, de l'autre côté du miroir, la volonté désespérée d'être soi-même.

La question de l'être disqualifie toute réponse : « Je ne sais pas ce que c'est qu'être moi-même. » La différence n'est pas entre ceux qui disposeraient d'une réponse et ceux qui en seraient malheureusement privés. Mais entre ceux pour lesquels la question se pose et ceux pour lesquels elle ne se pose pas. Parce que dès qu'elle s'impose, « être soi-même ? », elle désespère toute réponse, condamnant l'imposture de la parole au silence ou à la philosophie.

Faut-il pourtant dire « toute réponse » ? « Avec la mort l'être-là, le *Dasein*, a rendez-vous avec lui-même dans son pouvoir-être *le plus propre*, [...] indépassable[1]. » Être, rien qu'être. Ne plus être *là*. Il n'est nulle philosophie de l'ek-sistence, nul patient dit « narcissique », qui ne rencontre la séduction de la mort. C'est aussi vrai du romantisme mais la mort romantique est tragique, elle est adressée ; tous les autres, les proches, coupables de ne pas avoir su

1. Martin Heidegger, *Être et temps*, § 50, Gallimard, coll. Bibliothèque de philosophie, 1986.

aimer le disparu, font un cercle éploré autour de la tombe. La mort ontologique, elle, est « sans relation au *Dasein* d'autrui ». Une mort sans adresse, autistique. En elle s'abolit enfin l'expropriation de l'ek-sistence, son hors-de-soi, que « matérialise » la possibilité même de *se* voir dans le miroir. Avec la mort le moi devient enfin le même, « l'arrivée-à-la-fin du *Dasein* lui confère (...) son entier » (*Être et temps*, § 47). Par la mort s'accomplit le triomphe sur la représentation, car « nul ne peut décharger l'autre de son trépas », nul, à la dernière heure, ne peut se faire représenter par un autre.

Le triomphe est de courte durée, à dire vrai il ne *dure* pas du tout. Si trépasser, c'est dépasser en marchant, la notion même de trépas est discutable. *La mort ne passe pas*, elle n'est elle-même, définitivement, qu'une *possibilité* que l'existence jamais ne réalise. À l'heure de son événement, non seulement l'être n'est plus *là*, mais il n'est plus *être*. Il n'y a pas plus de présentation que de représentation de sa propre mort. On se consolera en se disant qu'une détermination négative, malgré tout, ce n'est pas rien — le « n'être-plus-*Dasein* ». Si ce n'est qu'elle n'a pas d'existence en dehors de la langue et qu'elle restaure l'empire de la représentation. Même la mort *manque*, comme l'écrit Kierkegaard.

À l'indéfinissable « être moi-même ? », il est toujours possible d'objecter — mais objection ne fait pas interprétation — que ce vague à l'âme est lui-même un résultat, qu'il a une genèse et qu'il est au moins théoriquement possible d'en rétablir les déterminations. Celles, par exemple, qui remonteraient du désespoir d'aujourd'hui à la mort dans les yeux de la mère. Selon Winnicott, le premier « moi-même » se déchiffre sur le visage de la mère, premier de tous les miroirs, mais cette découverte réfléchie a une condition : le mouvement d'identification de la mère à l'enfant [1].

La certitude narcissique, la conviction de l'être, celle qui permet d'en ignorer la question et prête au « Je suis » l'illusion de pouvoir se déduire de lui-même, celle-là prend sa source chez l'autre, *Nebenmensch,* être proche aimant et soignant. « Je suis » est une abréviation de « Je suis aimé » ou de « Je suis le sein ». Le même, l'*existence* du même, a l'*autre* pour condition de possibilité et initiateur, via les processus d'identification. Toute identification *à* l'autre, comme on entend ordinairement l'identification, si précoce soit-elle, est déjà une identification secondaire, déjà le reflet d'un reflet.

Il suffit de peu de chose pour troubler la surface d'un miroir, la chute d'une feuille, *a fortiori* d'un dispositif optique aussi complexe et fragile. Peu de chose ? Un peu d'inconscient qui fait s'évader le regard maternel et le fait refléter autre chose que ce

1. D.W. Winnicott, « Le rôle de miroir de la mère », *Jeu et réalité, op. cit.*

qu'il voit. La tâche existentielle peut devenir lourde, sisyphéenne, quand on passe de peu à beaucoup, quand le vide, ou le trop d'altérité de ce regard perdu a la permanence d'un état, d'une nature, et pas seulement l'insupportable brièveté d'un moment. « Vous êtes là ?… On dit regarder ailleurs, mais je crois qu'elle, c'était la tristesse de nulle part. »

Polymorphie

« Il y a ce qui est trop con et ce qui ne vous regarde pas. »

Étant donné la façon dont le génie de la langue la possède, cela pourrait bien revenir au même. La formule est lapidaire, elle définit avec une remarquable concision la manière dont Lise désobéit à la règle, la part du monde qu'elle tient à l'abri du « dire tout ce qui passe… ».

La chose n'est pas banale si l'on s'y arrête un peu, une analyse peut avoir lieu, au sens consistant du terme, avec sa dynamique de changement psychique, ses levées de refoulement, l'élargissement des possibles, l'échappée hors des entraves de la répétition, jusqu'à trouver le mouvement qui la conduit vers sa terminaison, sans qu'il soit question, jamais ou si peu, de la vie sexuelle.

De cela l'exemple de Lise est un mauvais exemple et même un exemple inverse, un peu comme dans ces histoires où l'on vous indique la direction en vous demandant d'aller dans le sens contraire de la flèche. Lors de nos entretiens préliminaires — le mot sonne curieusement en la circonstance —, elle avait ainsi justifié sa difficulté à s'exprimer : « J'ai toujours eu du mal avec les introductions. » Le « con qui ne regarde pas », retenu pour sa vigueur, ses lettres poétiques de noblesse, de Malherbe à Aragon, et l'instantané du fantasme qu'il présente à son insu, ne signe ici nulle négligence de la vie sexuelle mais bien sa présence négative et résistante, celle qu'elle doit au refoulement. J'aurais, à l'inverse, été bien en peine de produire un exemple positif, celui d'une vie sexuelle dont il n'est guère question, non par évitement mais parce que le conflit psychique ne la concerne pas. L'expérience de l'analyse ne porte pas témoignage de ce qui n'appelle aucune déliaison. C'est pourtant à partir de ce cas de figure, *in absentia* donc et en contrepoint, que me sont venues les quelques pensées qui suivent.

L'inévitable pente des théories psychanalytiques qui prétendent couvrir l'ensemble du champ de l'expérience et en tenter la totalisation est d'assigner, ouvertement ou non, un but à la cure qui soit conforme à la croyance édifiée au centre du système. Les deux grands exemples historiques sont ceux de Melanie Klein et de Jacques Lacan. L'élaboration de la position dépressive dans le premier cas, l'accès au Symbolique dans le second bornent l'horizon, même si c'est plus parole de disciple que de maître

— le disciple est par définition plus royaliste que le roi. On serait bien en peine, à partir de l'œuvre de Freud, très peu unitaire, de produire un énoncé du même type. Qui songerait à reprendre comme devise le propos désabusé de 1895 : « Transformer la misère hystérique en malheur banal [1] » ?

Cela n'a évidemment pas empêché les uns et les autres, tenaillés par la compulsion à la norme, de tirer de l'œuvre freudienne les fils indicateurs de la bonne direction à suivre, au premier rang desquels la génitalité, le primat du génital, l'équation entre santé psychique et synthèse génitale. La finalité est alors empruntée au développement, aux dépens de ce qu'il y a de plus radical dans la découverte freudienne, l'anhistoricité de la sexualité infantile. Un livre comme celui de Joyce McDougall, *Plaidoyer pour une certaine anormalité* (1978), est sans doute exemplaire d'une volonté de contre-pied par rapport à cette menace normativante qui fait régulièrement retour sur (contre) l'analyse. Quand il m'a été parfois demandé ce que je retenais de mon analyse avec elle, ce qui me venait n'était pas telle ou telle interprétation mais le sentiment de deviner dans le fauteuil une personne libre — ce qui n'a rien à voir avec « prendre des libertés » : les modalités de la cure étaient des plus classiques.

1. Freud (et Breuer), *Études sur l'hystérie*, PUF, 1956, p. 247.

Que la notion de « pré-génital » chez Freud, et bien des formulations à l'appui, prête le flanc à une lecture téléologique, sans nul doute, mais l'expérience offre régulièrement au psychanalyste un démenti qui devrait lui permettre de ne pas insister : en aucun cas une vie sexuelle adulte, à peu près satisfaisante, organisée selon les modalités dominantes du point de vue génital, en aucun cas une telle vie que l'on peut raisonnablement supposer dès lors qu'il en est si peu question, ne met la psyché à l'abri du travail de sape de l'angoisse. Ce qui nous ramène au noyau de l'invention freudienne.

S'il s'agit de constater que dans une généralité, dont il resterait cependant à établir le taux, la vie sexuelle humaine tend à devenir génitale, on n'a pas besoin de la psychanalyse pour cela. Le mérite de l'argumentation récemment développée par Daniel Widlöcher[1], après d'autres sans doute, mais en des termes plus nets, est de souligner que ce que Freud invente et qui constitue le cœur de l'expérience analytique, la sexualité infantile, n'est pas une sexualité préliminaire à la sexualité génitale dans laquelle elle se résoudrait, elle n'en est pas l'introduction, le premier temps, l'ébauche prématurée, elle n'est pas une sexualité immature mais une sexualité autre, jamais « assimilée », toujours étrangère, inquiétante, et pas-

1. Daniel Widlöcher, « Amour primaire et sexualité infantile : un débat de toujours », *Sexualité infantile et attachement*, PUF, Petite Bibliothèque de psychanalyse, 2000.

sionnante. L'une, génitale, a un but ; l'autre, infantile, est polymorphe : elle désire, autant dire qu'elle ne sait pas ce qu'elle veut, définitivement, *sans fin*. À peu près n'importe quel enfant de quatre ans, à condition que l'adulte (séducteur) lui en donne les moyens techniques, est capable de produire une œuvre dont Klee et quelques autres ont su découvrir le génie. À une réserve près : rien ne permet à l'enfant de s'arrêter de lui-même, si on le laisse à son seul mouvement, le dessin, la peinture ne tardera pas à se gâcher, se remplir, se recouvrir, comme l'œuvre de Frenhofer, ce peintre créé par celui qui n'en finissait pas d'écrire *La comédie humaine*. Ou celles d'Adolf Wölfli, d'Aloïse Corbaz et de leurs compagnons en art brut dont on peut découvrir les productions surchargées au musée de Lausanne.

L'expression devenue canonique « l'enfant pervers polymorphe » a autant de mérite que d'inconvénient. D'un côté elle établit le lien entre l'éventail des explorations précoces et la gamme des fixations ultérieures, mais de l'autre elle menace de faire se confondre les contraires : l'immobilisme, l'étroitesse jusqu'au carcan du scénario pervers, et la polymorphie presque illimitée de l'infantilisme sexuel. Le point de vue hédoniste privilégié par Daniel Widlöcher a sans doute le défaut de tenir trop à l'écart la face destructrice, déliante, inconciliable de cette polymorphie, mais il a à l'inverse le mérite de rappeler implicitement que polymorphie (du sexuel infantile), association libre de l'analysant, attention flottante de l'analyste, sont des synonymes. Et que le but sans but de l'analyse pourrait bien être d'en retrouver, d'en libérer le jeu. De cela, ou presque, Schopenhauer avait eu une sorte d'intuition quand il remarquait que le point commun entre l'enfant et le génie était de ne pas être parvenus à la maturité génitale. Quel plus beau cadeau offrir à un enfant de deux ans qu'un rouleau de scotch — un scotch large, tant qu'à faire —, son déroulé ouvre à la polymorphie tout le champ de l'imprévisible, depuis la forme la plus inédite jusqu'à… « scotché ».

Le besoin et la détresse

« J'ai besoin de vous. »

Le ton a l'âpreté des mots, des mots arrachés, soudains, inattendus. Ce que j'ai commis, ce que j'ai fait, je n'avais pas le droit de le lui faire. J'avais dû m'absenter une semaine, hors des périodes habituelles de vacances. Il m'avait été possible de remplacer deux des trois séances de la semaine, je m'étais résolu à annuler la troisième. Annihiler serait plus juste. L'inexistence de cette séance la menaçait de disparition.

« Besoin », le mot sent la disette ; son exigence de satisfaction, il la tient de la nature. Le besoin n'a ni envers, ni dessous, il est simple comme la misère, triste comme la pénurie, lourd comme la nécessité — c'est au moins ce dont il cherche à convaincre. S'il est impérieux ce n'est pas d'ignorer le temps, à bien des égards il ne le connaît que trop, mais il ne le supporte pas. Le *Wunsch* est hypothétique, qu'on le traduise par « désir », « vœu » ou « souhait », il conjugue le passé-futur au conditionnel ; sa langue primitive est celle du fantasme [1]. Le besoin, lui, n'a pas le temps, sinon l'actuel. Rien en lui ne se prête au scénario, il est réel.

« J'ai besoin de vous... » « Angoisse » convient mal pour décrire le ton démuni avec lequel ces mots sans fard sont prononcés. « Détresse », plutôt. Pour elle, pour Jeanne, la première expérience de l'analyse, de l'analyse à proprement parler, quand quelque chose surgit qui change la face du monde, ne serait-ce qu'un instant, ce premier moment était né dans la cure non des mots, les siens ou les miens, non de l'entendu mais de la surprise d'un *fait* : à la rentrée de septembre, elle n'aurait pas à prendre rendez-vous, ce serait le même jour de la semaine, la même heure du jour. L'existence est donc continue, par-dessus la vacance de l'été.

Angoisse, détresse... Faut-il suivre les rapprochements de l'étymologie, *angustia, districtia,* qui de l'étroitesse au détroit évoque dans les deux cas un espace qui se resserre, un monde qui s'étrique, à la mesure d'un épigastre qui se contracte ou d'un vagin qui vous empêche de naître ? Ou alors suivre

1. Parce que nous ne sommes pas à une incohérence près, nous répétons volontiers à la suite de Freud « désir inconscient », tout en soutenant que l'inconscient ignore le temps. Le langage, sa temporalité intrinsèque, est mal placé pour espérer saisir d'un mot la réalisation immédiate de la satisfaction qui fait la caractéristique des processus primaires.

l'intuition, celle de l'usage, oublieux de l'histoire de la langue, qui distingue les affects sinon les oppose ? La différence serait-elle affaire de quantité et la détresse une angoisse extrême ? Ou, plus profondément, l'écart tient-il à la nature, comme une façon parmi d'autres de remonter à la source, celle du dualisme pulsionnel : d'un côté les nécessités de la vie, de l'autre la plasticité du sexuel ? Besoin et détresse sur un versant, désir et angoisse sur l'autre.

La confusion des langues, entre allemand et français, fait que nous ne savons plus très bien aujourd'hui suivre la piste de la détresse dans l'œuvre de Freud : *Not* ou *Hilflosigkeit* ? Le premier a le mérite de pouvoir dire d'un même coup le besoin et la détresse, mais parce qu'il est bien souvent associé à l'implacable Ananké, il penche le plus souvent du côté de la nécessité. Le second nous a servi pendant des années d'« état de détresse », avant que par souci systématique Jean Laplanche ne propose de le conceptualiser en « désaide », au risque, dans ce mot sans histoire, de voir se dissoudre la charge d'affect [1].

Hilflosigkeit, le mot ne s'entend pas hors de sa référence à l'aide, *Hilfe* ; plus que la détresse, c'est son cri, son appel. Quand l'anglais a la possibilité de décalquer, *helplessness*, le français en est réduit aux paraphrases : « en manque d'aide », « dans l'incapa-

1. Se reporter, dans *Traduire Freud* (PUF, 1989), au commentaire de Jean Laplanche concernant les mots « désaide » et « nécessité ».

cité à se venir soi-même en aide »... L'histoire allemande du mot est teintée de religiosité, celle de la déréliction, de la faiblesse de l'homme, orphelin de Dieu. *Hilfe* est un mot clé de la traduction de la Bible par Luther et Job est le personnage *hilflos* par excellence. « Nu je suis sorti du ventre de ma mère et nu j'y retournerai. » Quant au substantif *Hilflosigkeit*, il semble n'apparaître qu'au XVIIIe siècle, le siècle des Lumières, de Kant, de la critique de la raison, à l'heure où l'aide de Dieu ne suffit plus à assurer à l'homme les fondements de sa pensée, à l'heure sans secours [1].

De cette histoire, la langue de Freud conserve la trace. La psychogenèse de la religion qu'il élabore est le plus souvent associée à la construction de *Totem et tabou* : ambivalence de sentiments d'un fils à l'endroit du père, désirs de mort, identification au tué et sentiment de culpabilité, enfin idéalisation dont résulte la figure de Dieu. La séquence est homogène au complexe paternel et à sa symbolisation névrotique, plus précisément obsessionnelle. L'heure est moins à la détresse qu'à l'angoisse, celle que qualifie la castration.

Mais le texte de la genèse comporte une autre conception, d'abord mal distinguée de la première, avant de trouver sa pleine expression dans *L'avenir*

1. Je dois à Alexandrine Schniewind l'essentiel de ces remarques historiques.

d'une illusion et *Le malaise dans la culture*. Une première version figure dans *Un souvenir d'enfance de Léonard de Vinci*, où Freud écrit : « La religiosité se ramène biologiquement à la persistante incapacité de s'aider [*Hilflosigkeit*] et au persistant besoin d'aide du petit enfant humain qui, lorsque plus tard il a reconnu son délaissement et sa faiblesse réels face aux grandes puissances de la vie, ressent sa situation comme il l'a sentie dans son enfance et cherche à en récuser le caractère sans espoir dans le renouvellement régressif des puissances protectrices infantiles [1]. » Quand la religion première manière, version complexe paternel, multiplie les actions de contrainte et les rituels expiatoires, la seconde, version déréliction, a la force d'illusion de l'idée délirante, la capacité de présenter comme comblés les besoins les plus primitifs. De l'addiction à la divine rencontre il n'y a qu'un pas, volontiers franchi par les alcooliques anonymes, et quelques autres qui le sont moins.

La religion, sous sa face névrotique, est l'œuvre d'un fils qui a désiré la mort du père. Sous sa face la plus folle, qui consiste notamment à abolir la mort grâce au fantasme de la vie éternelle, la religion est fille d'un enfant — pas seulement d'un fils — réduit à l'*Hilflosigkeit*, affronté à la démesure des puis-

1. Freud, *Un souvenir d'enfance de Léonard de Vinci* (1910), Gallimard, coll. Connaissance de l'inconscient, série Traductions nouvelles, 1987, p. 157.

sances parentales, et ne trouvant lui-même d'autre réponse à la totale impuissance où le laisse sa prématuration que la toute-puissance — notion religieuse avant d'être psychanalytique —, que l'illimité, l'« océanisme » de son pauvre narcissisme.

Le besoin et la détresse inventent Dieu. Ou le Cadre. Deux êtres plus hors du temps qu'a-temporels, immuables, pour toujours. Jamais Dieu n'annulera une séance.

« J'ai besoin de vous... » Ce mouvement du transfert, nous avons pris le pli, depuis Winnicott, de le nommer « régression à la dépendance ». Une expression sur laquelle son inventeur veillait avec un soin jaloux. Il voulait bien qu'on la lui emprunte mais à condition de ne pas en trahir le sens. Un soir de mars 1956, Enid Balint donne une conférence à la British Society. Elle cite son éminent confrère et discute de sa « régression à la dépendance orale complète ». Non... Dès le lendemain, Winnicott trempe sa plume épistolaire, souvent acerbe, toujours vive. « Faites attention aux mots que vous m'attribuez. Vous ne trouverez jamais ces mots de "dépendance orale" chez moi. J'ai même tout spécialement évité de mélanger les deux choses, la régression à la dépendance et la régression en termes de stades pulsionnels. La régression à la dépendance n'est pas spécifiquement liée à la phase orale et *en vérité je veux* la détacher complètement du développement pulsionnel[1]. » D'abord les besoins du moi, leur apaisement ; vous désirerez ensuite, si vous pouvez.

Derrière ces quelques mots on devine tout l'édifice qui, du *holding* à la mère *good enough*, fait de l'aire du besoin — qui est aussi celle du *being*, de l'exister, sensiblement plus équivoque — le territoire premier où le « psychosoma » trace ses frontières. Il m'a toujours semblé que l'on ne pouvait dissocier cette décision de Winnicott, « en vérité je veux », de son intangible refus des pulsions de mort, de l'idée que la mort, sa propre mort, pourrait être impatiemment exigée. L'autre du sexuel dans la première topique freudienne, c'est la vie. C'est la mort dans la seconde, en même temps que le registre du vital, dissous dans l'extension d'Éros, perd son autonomie. L'œuvre originale de Winnicott n'est pas simple restitution du vital oublié, elle le reconstruit.

On sait le mérite historique de cette part d'invention, celui d'avoir élargi le flottement de l'attention jusqu'aux conditions d'instauration de la situation analytique, au-delà du seul processus. Instauration ou destruction, comme de réduire une séance à néant. Pour ça, pour de tels actes, Winnicott dit *failure*. Et non pas *deficiency*. C'est pourtant par « carence » qu'on a souvent traduit, quand « faillite »,

1. D.W. Winnicott, *Lettres vives*, Gallimard, coll. Connaissance de l'inconscient, série La Psychanalyse dans son histoire, 1989, p. 144.

fêlure, s'imposait simplement. La carence, c'est bon pour les vitamines, un geste compensatoire permet d'y pallier. Mais comment se dégager d'une faillite ? Il est douteux que pour le petit d'homme, ou l'analysant, il y ait jamais de carence. Sauf du point de vue extérieur d'un observateur. Pour celui qui fait les frais de la défaillance, c'est toujours *trop*, un excès plus qu'un manque, un *impingement* selon le mot de Winnicott, un « empiètement », quelque chose qui vous marche dessus. La carence est un accident historique qui peut ne jamais avoir lieu, la *failure* est inéluctable, trop humaine. Margaret Little, volontiers portée à sanctifier son analyste, celui qu'elle désigne affectueusement par ses initiales, D.W., trouve quand même un petit mot pour faire chuter la divinité : « Il expliquait clairement qu'il n'était pas question qu'il se sacrifie, *lui*, totalement. »

La pulsion de mort n'est pas la seule détermination négative de l'œuvre de Winnicott, il faut encore y ajouter celle que, dans sa correspondance, il nomme toujours « Melanie ». Melanie ou le tout-pulsionnel. D'emblée, depuis toujours, sans histoire ni développement. Les horreurs de la guerre dès les premiers instants de la vie, à coups de projectiles et de schizes.

Contre cet ouragan, Winnicott reconstitue patiemment le temps des soins, élabore un environnement, dessine un monde humain qui est aussi bien animal, au moins mammifère. Un monde primaire de préoccupation (maternelle) qui ne manque pas de folie, mais encore plus fou quand cette folie élémentaire est perturbée ou trop absente.

Ce côté thèse contre thèse force inévitablement le trait, creuse les écarts. Jusqu'à tomber à son tour dans la théorie, celle qui ferme plus qu'elle n'ouvre.

Le besoin ne cache rien, il est tout d'une pièce. Il n'y a rien à en dire, seulement à y répondre… « J'ai besoin de vous » refuse d'être analysable, c'est-à-dire décomposable, refuse tout d'un bloc l'interprétation. Le cri de détresse n'attend, ne tolère que l'ajustement à son exigence : *être* plus encore qu'être là, sans discontinuité. Si Winnicott reprend quelque chose de la conservation de la vie, délaissée par Freud à l'heure de la seconde topique, c'est en en déplaçant les termes. Ce n'est pas la faim, trop orale, trop avide, trop kleinienne qui lui sert de paradigme mais le *concern*, l'inquiétude, le souci, la préoccupation, aussi maternelle que primaire, et le geste qui au mieux la présente, le *holding*. Plus que nourricier, l'environnement humain que construit Winnicott est *identificatoire*, dans ses réussites comme dans ses défaillances. Être avant avoir, on pense à Freud, celui des notes posthumes [1], si ce n'est qu'avant que

1. Freud, « Avoir et être chez l'enfant. L'enfant aime bien exprimer la relation d'objet par identification : je suis l'objet. L'avoir est la relation ultérieure, retombe dans l'être après la perte d'objet… Je suis le sein. Plus tard seulement : je l'ai », in *Résultats, idées, problèmes II*, PUF, 1985, p. 287.

le petit d'homme puisse fantasmer, triompher « Je suis le sein », il faut supposer le préalable d'un adulte *concerné* qui éprouve, qui « vit » : « Je suis le *baby.* »

Tout cela ressemble beaucoup à ce que les *Trois essais* désignaient comme « "pur" amour asexuel », celui de la mère des premiers soins pour son nourrisson, si ce n'est que Freud réservait cette expression au masque indispensable au refoulement, celui qui permet à la mère de caresser, bercer, embrasser, *porter* son enfant, tout en ignorant qu'elle le traite ainsi comme « substitut d'un objet sexuel à part entière[1] ». La tendresse des premiers temps est aussi mammifère, elle plonge ses racines dans l'héritage de l'espèce, mais comment pourrait-elle éviter de conjuguer ses gestes à l'*autre tendresse*, celle des buts moins « honnêtes », seulement inhibés ?

On le devine pourtant, Freud, Winnicott, chacun cherche à travers « la-mère » à configurer des personnages qui ne se décalquent qu'imparfaitement. « La-mère » de Freud risque toujours de caresser plus qu'il n'est nécessaire, donnant plus que ce qu'elle a, elle ne donne pas assez. Que celle du petit Hans prenne son fils dans son lit chaque matin, passe encore, mais faut-il vraiment qu'elle le traîne avec elle quand elle se rend aux toilettes ? Le danger avec

1. Freud, *Trois essais sur la théorie sexuelle,* Gallimard, coll. Connaissance de l'inconscient, série Traductions nouvelles, 1987, p. 166.

« la-mère » winnicottienne est que l'enfant, dans les bras, le regard plongé dans les yeux de celle qui le porte et l'allaite, au lieu d'*être* dans ce regard, de *se* voir, *ne* voie *rien*, sinon une *failure*.

Dans un cas l'inconscient maternel est trop occupant, dans l'autre il est occupé ailleurs, plus par la mort que par l'amant.

Quoi qu'il en soit, l'indigence de la psyché est un résultat, jamais sans doute un simple héritage vital en ligne directe. La force du besoin est de faire passer son appel pour l'expression brute de la nécessité. Le naturalisme est sa ruse. « J'ai besoin de vous... », l'auto-érotisme du transfert le cède à l'addiction, quand il est attendu de l'objet qu'il cesse d'être ce partenaire discontinu, trop improbable, afin de permettre de retrouver ce qui n'a jamais existé : les vertus substantielles de la chose maternelle, porteuse et nourricière [1].

« J'ai besoin de vous », la détresse, affect au long cours, qui n'en finit pas de sombrer, la détresse est le visage blême de l'amour de transfert. Ce n'est pas cette fois la pièce qui met le feu au théâtre, plutôt son décor, son cadre, voire la scène elle-même, toujours plus ou moins disjointe, sur laquelle tout repose. Alors qu'il rédige *Le malaise dans la culture*, entre deux parties de tarots, Freud s'interroge. S'il

1. Voir François Gantheret, « Au cœur de l'amour, cela », in *De la passion, op. cit.*

s'agit d'aspirer au bonheur et, pourquoi pas, d'y parvenir — en cet été 1929, il est devenu urgent de se poser une dernière fois la question —, alors l'amour sexué n'est pas loin de fournir la plus forte des expériences. Pourquoi donc cette voie est-elle si peu empruntée et, une fois empruntée, si rarement renouvelée ? C'est que cette « technique de vie » a une faiblesse : « Jamais nous ne sommes davantage privés de protection contre la souffrance que lorsque nous aimons, jamais nous ne sommes davantage dans le malheur et la détresse [*Hilflosigkeit*] que lorsque nous avons perdu l'objet aimé ou son amour[1]. »

1. Freud, *Œuvres complètes*, tome XVIII, PUF, 1994, p. 269.

Impudicitia

« Ce que je veux, c'est un homme qui me plaque contre le mur de la salle de bains, qui me renverse sur le sofa[1]… »

Ophélia est au bord de la rupture, et parmi les motifs de celle-ci le manque de réponse sexuelle de son compagnon figure en bonne place. D'autres à l'unisson le disent : les hommes ne bandent pas, pas assez, pas assez souvent, pas assez longtemps. Et du primat du phallus elles aimeraient bien ne pas simplement entendre parler ! Dans un article tout en finesse, écrit en 1920[2], Karl Abraham avait résolu l'énigme millénaire que constitue ce « trait caractéristique et fréquent du comportement » des femmes : le plaisir de faire attendre. Représailles ! À chacun son tour d'occuper la place de celui qui, passivement, est livré au bon désir de l'autre.

1. Divan, sofa… l'analyste est un grand vizir.

2. Karl Abraham, « Manifestations du complexe de castration chez la femme », *Œuvres complètes,* tome II, Payot, 1965.

Passivité… Les Romains la nommaient *impudicitia*[1]. Devoir de l'esclave, elle constituait le crime sexuel par excellence de la part d'un homme né libre, quelle que soit la figure, quel que soit l'orifice pénétré. Autant dire que sa dépréciation — sociale, politique, idéologique — au regard de l'activité ne date pas d'hier. Freud n'y échappe pas, qui répète de texte en texte la même contorsion de style pour évoquer la « soudure » de la passivité avec la féminité, dès lors que la vie sexuelle emprunte la voie restreinte de l'expression génitale. Ophélia, elle, ne s'embarrasse pas de tant de précautions : son fantasme pousse-au-crime se joue de la passivité, la joue à l'image du non-consentement, la nudité surprise dans la salle de bains, jusqu'au viol.

L'intuition romaine l'indique à sa manière, réactive : si la passivité est le crime, le mépris dont elle est l'objet pourrait bien être, par-delà les siècles et les cultures, la manifestation perpétuée de son refoulement.

On peut retourner, renverser autant de fois que l'on voudra la passivité en activité, et vice versa, concéder que l'une et l'autre sont les attitudes du monde les mieux partagées, rien n'y fait, leur couple est aussi peu symétrique que le sont le masculin et la féminité. Les premières expériences sexuelles vécues,

1. Voir les travaux de Paul Veyne et l'ouvrage de Pascal Quignard *Le sexe et l'effroi*, Gallimard, 1994.

celles qui conjuguent une fois pour toutes le sexuel humain et l'infantilisme, qui teintent de tant de plaisir les premiers soins, bien avant donc que la génitalité n'impose ses restrictions, ces premières expériences « sont *naturellement* de *nature* passive[1] »... *Natürlich passiver Natur,* s'il faut le souligner plutôt deux fois qu'une. D'abord, au fond : la passivité. Aux origines du sexuel se découvre pour le petit d'homme l'expérience de passivité et la soumission au bon désir de l'autre — même si l'identification au séducteur est aussi hâtive qu'il est permis.

Le nouveau bébé, celui dont on dispose aujourd'hui grâce aux « observateurs », n'y change rien, tout au contraire. Sa compétence, aussi extrême que précoce, celle qui lui permet au bout de trois jours de distinguer les voix, d'en préférer une entre toutes, cette compétence d'une part est vitale, et non sexuelle. D'autre part, elle livre l'enfant aux menées de l'extérieur, bien davantage encore que s'il était resté l'œuf autistique, narcissique et anobjectal qu'on le croyait être.

La passivité entre en psychanalyse avec la théorie de la séduction, elle en est une pièce maîtresse. Sans doute a-t-elle conservé quelque chose de cette marque d'origine qui l'associe à l'étiologie de l'hystérie et son « expérience de passivité sexuelle dans

1. Freud, « De la sexualité féminine », *Œuvres complètes,* tome XIX, PUF, 1995.

l'enfance ». La passivité d'un, d'une enfant « indifférent, dépité ou saisi d'effroi », de toute façon blessé, endommagé, au moins « gâté » par l'excès que l'adulte lui impose. Cette première passivité signe moins l'inactivité de l'enfant qu'elle ne dit sa faiblesse face à l'outrance.

« La passivité opposée à l'activité, voilà le champ restreint de nos réflexions. » Ce dont Blanchot se plaint dans *L'écriture du désastre*, alors qu'il tente d'approcher la « passivité infinie du mourir », n'épargne pas le mot en psychanalyse. L'accouplement avec l'activité est un empêcheur de penser quand il s'agit de saisir que « nous sommes "vécus" par des puissances inconnues, impossibles à dominer ». Freud emprunte la formule à Groddeck, inventeur du « ça », à qui l'on doit d'avoir nommé « l'invasion de la troisième personne dans la première ». L'opposé, le contraire ou même l'envers — mais aucun mot n'est satisfaisant qui, par définition, relativise — de cette passivité-là serait plus « liberté » ou, mieux, « autonomie », qu'« activité ». L'autonomie dont parle Kant, à propos de la volonté, celle qui permet à tout un chacun l'illusion, certainement indispensable, peut-être vitale, de se croire régi par ses propres lois.

Pièce maîtresse toujours, la passivité l'est alors des fondations mêmes de la psychanalyse, théorie et pratique. À faire l'économie de la passivité, écrit

Merleau-Ponty dans un long dialogue avec Freud [1], l'inconscient ne serait plus qu'un refus d'assumer quelque chose, l'activité d'un refus, une mauvaise foi — on ne sait trop à qui il pense le plus, Freud qu'il accompagne ou Sartre qu'il critique. Corps étranger interne, épine dans la chair, puissance attaquante, pulsante et anonyme, l'inconscient, le ça est un procès sans sujet vis-à-vis duquel la passivité du moi est *essentielle*, avant d'être activement combattue, défendue. Voire niée, le temps par exemple d'une philosophie du sujet et de sa présence à soi.

Si ce n'est Merleau-Ponty lui-même, c'est donc son lecteur, Lacan, qui introduit en psychanalyse cette variante aujourd'hui volontiers sollicitée : la « passivation ». Le mot a le mérite de l'ordre, celui de remettre l'activité, l'action au principe. Il rétablit les choses en première personne, même si c'est celle de l'autre. La mère, par exemple, qui satisfait sans reproche, à l'abri des soins, des « motions de souhait depuis longtemps refoulées » qu'il faut bien qualifier de perverses. Mais cette remise sur pied perd quelque chose de l'énigme, celle de la passivité sans sujet, sans agent qui soit un sujet. Au début était la passion… « Le discours sur la passivité la trahit nécessairement », écrit encore Blanchot. Ne serait-ce qu'à travers l'activité conceptuelle qui cherche à se rendre maître et possesseur de sa *Natur*.

1. Merleau-Ponty, *L'institution, la passivité* (notes de cours, 1954-1955), Belin, 2003.

Qu'il faille être un *patient*, un « passif », pour avoir quelque chance de devenir un analysant, n'en fait cependant pas une condition suffisante. La liberté de l'association suppose un moi qui s'abandonne à ce qui arrive, qui cesse de dire — de tenir — « moi ». C'est facile quand on s'endort, les enveloppes tombent d'elles-mêmes, sans effort, sans activité ; plus que les enveloppes, la plus imprenable des cuirasses. Mais le rêver, comment le laisser surgir quand est maintenue l'activité de veille ? En analyse les moments d'analyse sont rares ; quand ce n'est pas l'analyste, poussé à l'acte, qui fuit, le temps d'une interprétation, l'inquiétante passivité.

S'est-on éloigné d'Ophélia ? Un peu, bien sûr, mais en évoquant le « moi fémininement passif », face aux puissances infernales, ça et surmoi, Freud s'est lui-même chargé d'établir le lien entre la figure originale de la féminité et l'hypothèse générale de l'inconscient. Le fil court tout au long de l'œuvre, jamais perdu, jamais vraiment tiré non plus. Cela commence dans l'échange avec Fliess, expert en bisexualité : « Il est permis de soupçonner que l'élément essentiel refoulé est toujours l'élément féminin. » Pour se terminer par le « refus de la féminité », désigné comme l'une des butées les plus tenaces opposée au changement psychique, en passant par cette idée d'une « superposition de l'infantile et du féminin », au moment même où il concède au masochisme — cet autre enfant de la passivité — son caractère primaire.

La polymorphie des vies sexuelles, joyeuse ou pas, au sein desquelles l'identification à la position féminine revendique toute sa place, interdit une équation simple entre le féminin, même le plus *dark*, et le psychiquement inacceptable — quand bien même on peut en devenir fou, tel le Président Schreber : « Qu'il serait beau d'être une femme soumise à la copulation. » Je penche pour une idée plus générique, l'aptitude de la féminité à représenter — et représenter n'est pas signifier — la part d'impensable de la « forme passive ». Est-ce audace ou vanité, comment peut-on dire, écrire, penser une phrase aussi invraisemblable et déséquilibrée que : « Je suis aimé(e) » ? Il y a vraiment des *sujets* qui s'y croient.

Sur cette piste-là, les querelles byzantines sur le dosage respectif de l'actif et du passif ne nous avancent pas. Ophélia, plus qu'une autre, sait quels trésors d'activité il faut déployer pour imposer le « but sexuel passif », souvent en vain. Les voies de l'angoisse ouvrent une tout autre perspective. La forme masculine de l'angoisse est aussi narcissique qu'est objectale la forme féminine. Le résumé est abrupt mais fidèle au fort contraste auquel son raisonnement conduit Freud — à ne pas décalquer, cependant, la distribution du masculin et du féminin avec le partage anatomique des sexes.

Les Romains anciens ne sont pas les seuls à être saisis de terreur devant l'*impotentia* soudaine. La déprime du phallus porte atteinte à l'intégrité, et, toute narcissique qu'elle soit, l'angoisse de castration ne se formule pas pour autant en première personne, la passivité ne lui est pas étrangère. Comme l'écrit Martial dans ses *Épigrammes* : « On ne commande pas à cet organe comme à son doigt. » L'attente (de l'érection) est commune aux deux sexes.

Il reste que la forme féminine pousse encore plus loin le paradoxe, celui d'être affecté en troisième personne, d'être sujet à un mal sans sujet, défait par les puissances anonymes. La formule de Freud est le plus souvent raccourcie : angoisse de perte d'amour, angoisse de perte de l'objet d'amour. C'est pourtant la forme complète, stylistiquement pesante, qui donne seule le ton de la passivité dominante : « angoisse de perte d'amour *de la part de* l'objet ».

Je fuis des yeux distraits,
Qui, me voyant toujours, ne me voyaient jamais.

La règle

Je craignais qu'il ne disparaisse. Au moins de l'analyse, au pire de la vie. La cure était une longue traversée désertique, sans horizon, ponctuée de rares séances, lourdes et douloureuses. Le plus souvent il n'était pas là, sans être ailleurs, plutôt nulle part. Comment se dégager, échapper à l'emprise qu'exerce sur sa propre psyché un tel désarroi, quand on est ainsi « touché au mort[1] » ? Quel pas de côté esquisser pour rendre à l'analyse son pouvoir de déplacement, quel geste, quelle réanimation quand l'abîme est de tous les bords ? Mon *acting* prit forme de règle, celle que l'on formule à l'orée des choses, pour qu'elles commencent, pour qu'elles naissent. J'inventai une règle, pour lui : « Il serait inutile de vous demander de dire tout ce qui passe par la tête, vous ne faites rien d'autre » — j'aurais pu

1. J.-B. Pontalis, « À partir du contre-transfert : le mort et le vif entrelacés », *Entre le rêve et la douleur*, Gallimard, coll. Connaissance de l'inconscient, 1977.

préciser : vous ne pouvez faire rien d'autre. « Il faudrait formuler la règle autrement : soyez là aux séances, venez. »

La sortie du désert fut une longue histoire et l'énoncé de la règle nouvelle manière n'en constitua pas l'élément le plus décisif. Mais quand même, mes mots lui firent du bien. Une règle pour lui, lui seul, la psychanalyse réinventée à son usage... La scène est aussi une scène de séduction, une frontière franchie en même temps que la recherche d'un nouveau tracé. N'en va-t-il pas toujours de même, en tout cas quand la chose dite est entendue ? Quel énoncé de la règle serait susceptible d'échapper aux traductions imaginaires du transfert ? Y a-t-il jamais une règle qui d'*être dite* soit *fondamentale*, fondatrice, instauratrice ? Par quel miracle l'instant de l'énoncé premier échapperait-il à la contamination par l'inconscient ?

La scène primitive de la règle figure en bonne place dans l'album de famille du psychanalyste. « Je le mis en devoir de respecter l'unique condition de la cure, dire tout ce qui lui passe par la tête, même si cela lui est désagréable, même si cela lui paraît sans importance, ne relevant pas du sujet ou insensé... » Paul, l'Homme aux rats, reçoit le message cinq sur cinq. Plus exactement il le reçoit, le traduit à sa manière, celle de l'obsessionnel qui ne demande pas mieux que de sexualiser la pensée et de la soumettre à la passion de la culpabilité.

Que *veut* dire Freud ? Parce qu'il prend la peine de l'expliquer, on peut s'en faire une idée précise [1]. « Une chose encore avant que vous commenciez… » Abandonnez les contraintes de la conversation ordinaire, faites place aux pensées secondaires, n'hésitez pas à « remonter au déluge ». « Ça n'a rien à voir, c'est sans importance, insensé… », ne cédez pas à ces intimidations, tout au contraire. Et si d'un seul commandement il fallait indiquer la marche à suivre, alors : « Perdez le fil, parlez langue déliée. »

L'idée peut être sexuelle, ce qui est d'abord attendu, espéré est qu'elle soit *incidente*, qu'elle tombe comme un cheveu sur la soupe. Rien n'est plus doux à l'oreille du psychanalyste que d'entendre un propos qui commence par : « Ça n'a pas de rapport mais… » La règle est un appel à la déliaison, à la défaite, dans le langage, de son *logos*. Dites non ce que vous taisez mais ce que vous ne *savez* pas. Non ce qui importe mais ce qui « exporte et déporte ».

Vivement séduit par la proposition de Freud, Paul la transcrit instantanément dans sa langue primitive. « Dites tout ce qui passe… », « passe » ne l'intéresse pas, c'est *tout*, dire tout, ou, mieux encore, tout dire, qui le saisit et l'emporte. Avouer, livrer son secret, ce qu'il cache mais qu'en toute méconnaissance il ne demande qu'à exhiber.

1. Voir Freud, « Le début du traitement » (1913), *La technique psychanalytique*, PUF, 1953.

L'obsessionnel tient tout particulièrement à ce que le psychanalyste reste un confesseur, c'est à lui que l'on doit d'entendre régulièrement le couplet érudit sur la transmission des formes historiques, du confessionnal au dispositif divan/fauteuil.

Tout est un rat, des rats. Une invasion de rats qui se glissent partout, par tous les trous de la langue, sautant sur les homophonies, franchissant les ponts verbaux : *Hofrat, erraten, Raten, Spielratte...*, infestant de leur peste chaque recoin, le son comme le sens. La langue est leur chose, elle est devenue l'enfer de Paul.

« Je vais commencer par raconter ce qui m'a amené à venir vous voir. » Il parle de la vie militaire et de sa rencontre avec le capitaine, celui qui aimait les choses cruelles et prenait un plaisir tout particulier à raconter une histoire effroyable, une histoire de punition en Orient. Paul bredouille plus qu'il ne parle : un pot, un rat, le derrière d'un condamné... « Faites-moi grâce de la description des détails ! », disant cela il s'arrache au divan, se lève, arpente la pièce en tout sens. Ne me contraignez pas à tout dire !

Freud cherche les mots qui rassurent, il n'est pas certain qu'il y parvienne : je ne suis pas le capitaine cruel — c'était avant l'invention de la dénégation. Afin de vous faciliter la tâche, je peux même essayer de deviner : ce supplice, s'agit-il d'« empaler » ? Il y a cependant un point sur lequel je ne peux rien pour

vous… La suite est affaire de stratégie psychanalytique, elle est remarquablement militaire : « Surmonter les résistances est un commandement de la cure, impossible de passer outre. » La règle, c'est la règle !

La folie analytique de ce moment, sa « folie privée[1] », dans l'enclos du transfert et du cabinet, on ne peut y être pleinement sensible que si l'on a en tête, sous les yeux, la scène complète du supplice (délice) telle que la raconte Octave Mirbeau dans son *Jardin des supplices* — l'ouvrage interdit circulait sous le manteau dans la Vienne de l'époque, casernes comprises. Prenez un homme nu, fermement ligoté — coupable puisque ligoté ! Réunissez les deux protagonistes en emprisonnant le rat dans un pot appliqué sur les fesses du condamné. Faites dans le pot un petit trou, juste de quoi laisser passer une tige, une règle rougie au feu, afin de provoquer plus encore l'animal. « Dites tout ! » Dans l'embrasement du transfert, plus rien ne distingue la tige rougie de la règle (fondamentale). D'abord parce qu'elle est une règle, pour un névrosé sous la contrainte qui ne demande pas mieux que d'être frappé par elle. Ensuite par la forme même de son énoncé, obsessionnellement si séduisant : « tout dire », traquer l'inavouable, l'intime secret.

1. J'emprunte l'expression à André Green, *La folie privée, psychanalyse des cas-limites*, Gallimard, coll. Connaissance de l'inconscient, 1990.

L'analyse — toute l'analyse : Freud, Paul, les mots — est livrée au fantasme, à son sadisme manifeste et à son masochisme triomphant. Les instruments de l'une sont la torture de l'autre. La suite de la séance — là aussi le même mot convient — est la chose même, le supplice *in praesentia*. Quelle solution pour le rat torturé-excité ? Par où fuir, quelle issue lui reste-t-il ? Paul retient le mot, Freud le cherche et le trouve : « Dans l'anus ? » Quand dire c'est faire, quand le mot est le désir qui s'accomplit, le rat qui pénètre, qui le prononce ? L'analyste lui-même ! Avec cependant un petit écart, dernier refuge pour le refoulement, une marge, celle qui sépare le mot du mot-chose : *After*, dit Freud, et non *Arsch*[1].

Parce que tout le *talking* de la cure est emporté par les actes du transfert et du contre-transfert, celui-ci inventé juste après, c'est un moment visuel, une observation, c'est avec les yeux que quelque chose se rétablit de l'analyse et de son interprétation — facilité, il faut le dire, par l'agitation de Paul quand on suppose que Freud n'avait pas quitté son fauteuil — : il y avait sur son visage une « expression singulièrement composite, dans laquelle, *si je l'analyse*, je ne puis voir que de l'horreur devant son plaisir à lui-même inconnu ». Dire tout, tout dire, tout montrer, c'est à souffrir de parler, c'est à mourir de plaisir.

1. *After*, anus ; *Arsch*, cul.

La morale de cette histoire ne condamne évidemment pas la règle, encore moins ce qu'elle espère fonder : l'association devenue libre, mais constate plutôt que lorsqu'elle est énoncée c'est déjà trop tard, l'analyse a déjà commencé. On parle, il y a déjà longtemps qu'*on ne sait plus* ce qu'on dit.

Quant à ce qui est entendu… Une collègue et amie m'a prêté la saynète suivante. La jeune femme allongée sur son divan évoquait depuis plusieurs séances avec force détails sa façon de se masturber et les scénarios associés. Avec pour conséquence de voir déborder l'excitation, jusqu'à atteindre le corps de l'analyste et immobiliser sa psyché. Comment restituer-interpréter à l'analysante quelque chose de ce qui était en train de se passer, comment faire ce pas de côté qui permet à l'analyse de redevenir « comme si » ? La phrase surgit d'elle-même, sans auteur, heureusement paradoxale : « Vous n'êtes pas obligée de tout dire. »

La porte de la salle de bains se referme, *exit* le père, celui qui aime tout savoir, tout voir, tout entendre… « Dis-moi tout. »

Le point de toucher

« Tant que je parle, je peux penser que vous n'êtes pas là. »

Ella parle tout le temps, le temps *sans reste*. Elle s'entoure, elle s'enveloppe des mots qu'elle prononce, le corps subtil du langage lui fait une peau. Une certaine « antipathie » à mon endroit lui avait permis d'engager l'analyse. L'antipathie n'est pas la haine ; la seconde détruit, quand la première seulement s'écarte. Là où la haine s'affronte à l'irréductibilité d'autrui, à l'insulte de son altérité, ou au narcissisme de la trop petite différence, l'antipathie se contente de garder ses distances ; que rien ne touche. Elle est une alchimie qui ne prend pas, un « rapport de deux substances sans affinités ». La haine confère à l'objet une existence absolue, l'antipathie le neutralise.

Difficile pourtant dans l'enceinte de la cure, son espace clos, d'abolir tout contact. Comment dire « au revoir » sans que s'y glisse la référence au contexte : le fait que la séance est finie, qu'après nous être perdus de vue nous sommes face à face, qu'on se quitte en échangeant un regard, fût-il bref, qu'on se sépare et qu'après tout on n'est jamais sûr de se revoir ? Elle puise dans les ressources de la prosodie, « au revoir », léger et désinvolte, sans rapport, sans affinité avec le contenu de la séance, sauf à en effacer l'événement.

Tant de précautions rappellent que le risque est permanent, celui d'entendre le langage renouer avec ce qui, selon Rousseau, en constituerait l'origine : l'expression de la passion. Les mots dont elle se couvre, le fantasme du moi-peau lui va comme un gant, sont un tégument bien mince, et paradoxal. « Supposez, écrit Rousseau, une situation de douleur parfaitement connue, en voyant la personne affligée vous serez difficilement émue jusqu'à pleurer ; mais laissez-lui le temps de vous dire tout ce qu'elle sent, et bientôt vous allez fondre en larmes. Ce n'est qu'ainsi que les scènes de tragédie font leur effet. » La passion, son affect, son toucher n'est pas l'autre du langage mais sa secrète énergie. « Dire, rien que dire », la restriction masque l'excès, la formule dissimule son âpreté sous les airs de l'abstinence — abstinence d'actes. Le péril est constant d'être *touché* par cela même dont on espère la distance assurée. Chacun en fait l'expérience, Ella, sensitivement plus que d'autres, la chair d'un mot suffit pour que la peau frissonne, le poil se hérisse.

« Touché » n'a pas de sens figuré, seulement un sens propre.

Si l'affect hante la langue et menace à tout moment de s'y trahir, reste la possibilité de se taire. C'est pire, le poids du silence ne manquerait pas d'accorder au *Nebenmensch,* à l'être proche assis juste derrière elle, une présence intolérable. Elle parle, si l'affect menace, elle ne vient pas, ou alors le laisse émerger, mais hors séance, suffisamment loin… « Je hais ce type. »

Le corps fit entendre les premiers maux, la réminiscence d'un eczéma et surtout une difficulté respiratoire. L'air est ambiant, son contact inévitable et la respiration un échange obligé. La vie de l'âme, *psukhê*, est un souffle, vivre et respirer, mourir et expirer sont des synonymes ; le premier cri signe la naissance, l'ex-istence, la rencontre avec dehors, le dernier souffle dit la mort. C'est un spectacle étrange que de voir les parents cachalots, l'espèce est du genre fidèle, guider, au gré de plusieurs descentes et remontées, leur nouveau-né vers la surface pour lui apprendre la respiration aérienne — particulièrement compliquée, il est vrai, dans une vie de cétacé. Apprendre à vivre commence par apprendre à respirer. La pensée viendra à Ella, beaucoup plus tard, de l'analyse comme la grossesse d'elle-même.

Elle est avec une amie, plus âgée qu'elle. Le rêve est à peine une image, à peine une scène, ces mots vont trop vite qui veulent faire voir. Le rêve est une sensation. Les sentiments sont confus, un baiser sur la bouche… Le rêve est le toucher du baiser plus que son spectacle. L'angoisse l'accompagne, plus tard l'excitation, quand il se reproduira.

Quel statut accorder à la figurabilité, présentabilité (*Darstellbarkeit*) du rêve ? Est-ce contrainte extérieure à la chose même, une façon obligée pour la représentation inconsciente de trouver son chemin dans les brumes de la pensée ensommeillée ? Ou tient-elle à la nature intrinsèquement visuelle de la représentation-chose ? La question a été ouverte par J.-B. Pontalis [1], je suivrai la première piste, celle qui conduit au-delà (en deçà ?) du visuel.

La peau est partout, partout des membres, des organes où sont ressenties des impressions tactiles. Pourquoi ne penserais-je pas avec la peau ? Pourquoi, se demande Mlle de Lespinasse, à l'heure des Lumières et de la *Lettre sur les aveugles*, pourquoi ne penserais-je pas partout [2] ? Pourquoi le système de la représentation ne serait-il redevable pour sa construction qu'à un seul des cinq sens, la vision ? Faut-il, s'interroge déjà saint Augustin, que les yeux s'emparent, se subordonnent toute l'expérience sensible, que « voir » en soit l'inévitable traduction : « Vois comme cela retentit, vois comme c'est parfumé » ?

1. Voir J.-B. Pontalis, *Perdre de vue*, Gallimard, coll. Connaissance de l'inconscient, 1988.
2. Voir Corinne Enaudeau, *Là-bas comme ici*, Gallimard, coll. Connaissance de l'inconscient, série Tracés, 1998.

Le baiser d'Ella, son *image* n'est-elle pas secondaire, peut-être une secondarisation, au regard d'une sensation-représentation plus élémentaire, dont le toucher serait la source ? Plus encore, ce qui nous touche, nous éprouve, ce que nous nommons « affect », *est-il l'autre de la représentation ou ce qui chute hors d'elle quand le visuel fait régner son primat* ? Le pouvoir de l'affect chez Ella, d'autant plus dominateur qu'il s'exerce *in absentia*, à distance, ne serait-il pas l'indice d'une vie de représentation organisée, sinon à partir du toucher, au moins de son paradigme ? Rien n'empêcherait alors de concevoir un dispositif de la représentation dont le toucher donnerait le ton, le tact, et se doterait à partir de ce point de vue, plutôt de ce *point de toucher*, de ses propres modalités sensibles, pourquoi pas de ses traductions visuelles, de sa propre esthétique, jusqu'à sa propre peinture. Peut-être les tableaux les plus écorchés de Francis Bacon, quand la peau est la toile. Voire de sa façon de rêver, quand presque rien n'écarte latent et manifeste, quand ils se touchent.

L'esthétique de Freud, très Quattrocento, son idée de la représentation, très Âge classique, ont contribué à constituer en fait de nature, la nature de l'inconscient, ce qui pourrait n'en être qu'une forme particulière, inséparable du point de départ hystérique de la théorie et de son privilège visuel. Plus largement, la psychanalyse, sa passion du dévoilement, participent d'une collusion du voir et du savoir qui a au moins l'âge de Parménide : « L'être est ce qui se montre dans une perception purement intuitive, et ce voir dévoile l'être. » Ici et là pourtant, Freud sème quelques embûches, mais sans trop s'y attarder. Dans les *Trois essais*, il note : « En dernière ligne, la vue est dérivée du toucher. »

« C'est la montagne elle-même qui, de là-bas, se fait voir du peintre, c'est elle qu'il interroge du regard[1]. » Que voir, que désirer voir tant que le corps ne s'est pas caché, voilé, tant que l'invisible n'en est pas devenu la propriété ? Du toucher au visuel dérivé, la scène primitive est devenue une scène, à l'italienne, et le génital a eu le temps de se prendre pour le sexuel. Le sujet, écrit Corinne Enaudeau, « se recule de l'objet et se fait regard, témoin, ici, du spectacle qui se passe là-bas, spectacle lui-même divisé, distribué sur deux objets, la mère et l'étranger que celle-ci désire ». Le triangle visuel de la représentation décalque le triangle œdipien, le complexe ouvre la perspective.

Si *voir* c'est voir le membre, comme Freud le suggère en un saisissant raccourci, le voir quand il n'est pas là, invisible — le sexe de la mère n'est pas une curiosité parmi d'autres, l'« histoire de l'œil » est son histoire —, on pourrait alors concevoir que le

1. Merleau-Ponty, regardant la Sainte-Victoire dans les yeux de Cézanne ; *L'œil et l'esprit*, Gallimard, coll. Hors série Connaissance, 1964.

primat du visuel, dans la construction de la représentation, et le primat du phallus, dans la hiérarchie des significations, conjuguent leurs efforts pour mettre de l'ordre et de la distance dans un monde jusque-là dominé par des formes moins médiates dont le toucher — le toucher se touche immédiatement — serait la forme élémentaire.

Pas moins que le voir, cependant, le toucher n'est à l'écart des codes. Qui se serrent la main ne se touchent pas pour autant, le geste ne crée aucune intimité[1]. Même ce patient homme, *vir*, qui à chaque séance, de sa poigne de troisième ligne centre, me laisse les cartilages en capilotade, même lui me broie la main sans la toucher. Sans qu'il soit possible de retrouver comment s'est instituée la coutume, Ella et moi nous serrons rituellement la main à l'heure de l'« au revoir », à ce moment-là seulement. Sauf le jour où je lui ai tendu la mienne, aussitôt la porte ouverte.

Touchée... Il est comme cela des circonstances où le geste du contre-transfert frise la profanation. « Tabou du toucher », c'est un pléonasme tant *taboo*, ce mot rapporté de voyage par le capitaine Cook, dit « pas touche » à lui seul. Il suffit de si peu, parce que Psyché est étendue à la surface entière de l'analyse, pour que devienne brusquement visible

1. Ce qu'il faudrait nuancer au gré des variations culturelles. Ce n'est déjà plus vrai outre-Manche.

l'étrangeté de ce dispositif inventé de toutes pièces par Freud, quand presque rien devient toute une histoire. Ce n'est que bien après qu'Ella pourra évoquer son vacillement, et celui de l'analyse, quand les personnages échappent à leur zone de définition habituelle, quand il devient impossible de continuer à se dire : « Je peux penser que vous n'êtes pas là. » « Dans le contact d'une chair avec une autre chair, il y a comme une dérogation, quelque chose qui coupe net et droit à travers les voies enchevêtrées de l'ordre et des convenances, quelque chose que connaissent les ennemis aussi bien que les amants, car c'est ce quelque chose qui les fait tous les deux. » Je ne connais guère de mots plus forts que ces quelques lignes de Faulkner, dans *Absalon, Absalon !*, pour évoquer ce dont Diderot s'approche en philosophe : le toucher est le sens de la présence.

Mes « erreurs et mes failles », Ella les nommait « loupés ». Que de leur surgissement et de leur devenir puisse dépendre l'animation de l'analyse crée un paradoxe irréductible. Qui songerait à faire « technique » de l'erreur et de la faille ? Ce serait en abolir le principe que de s'en rendre maître, et cela ne pourrait que transformer l'exercice en une modalité du *seducere*. L'erreur, la faille, le toucher n'ont pas d'auteur, et ce n'est qu'à ce titre, celui de l'inconscient, que l'analyse peut en faire son profit. Elle parlait de son père, un homme d'une neutralité aussi neutre que bienveillante ; impossible de le faire réagir, quelle que soit la « bêtise » commise, impossible de l'entendre dire non. J'accompagnais le propos sur un mode que je crus anodin, il est probable que les meilleures interprétations sont celles qui s'ignorent : « Bon, y en a marre, arrête un peu ! » J'en conviens, la formule est inhabituelle, le tact n'est pas sa caractéristique première, mais mes mots, les mots vainement attendus du père, ne faisaient guère que reprendre les siens. À une petite différence près, j'y avais mis le ton — le ton touche l'enfant plus que le sens — et transformé en style direct sa propre version. Abstrayant ma phrase de son contexte, l'isolant de sa source, elle vécut l'incident *in praesentia.* La suite alterna entre l'inquiétante étrangeté du tutoyer-toucher et le plaisir de m'avoir fait trébucher.

Quand la vie de l'affect décide du mouvement de la cure, le toucher en constitue plus que la toile de fond, une référence privilégiée. Si ce n'est une vérité, c'est au moins une conviction. « Touche-moi, étonne-moi, déchire-moi ; fais-moi tressaillir, pleurer, frémir, m'indigner d'abord ; tu recréeras mes yeux après, si tu peux [1]. »

1. Diderot, « Essais sur la peinture », *Œuvres*, Robert Laffont, tome IV, p. 498.

Et alors ?

Deux petits mots de rien, une conjonction et un adverbe sans autre référence qu'eux-mêmes, deux petits mots de déliaison… En moins de mots qu'il ne faut pour le dire, tout l'édifice est à terre.

Ayant pour une fois directement écrit son texte dans sa langue maternelle, *Lessness,* Beckett se demandait quelle traduction française pourrait convenir. Cioran, cet autre émigré de la langue, lui proposa d'en passer par le latin, d'inventer un néologisme, histoire de conserver au mot son substantif, « sinéité ». Non, trop loin de la chose, pour une chose sans substance ; après tout *Sans* suffit s'il s'agit de dire *rien.*

« Et alors ? » Le déplaisir (mon déplaisir) à l'entendre est inversement proportionnel à l'économie de moyens mis en œuvre pour le produire. En somme, une sorte de version négative du *Vorlustprinzip,* le principe du plaisir préliminaire, l'envers d'un *Witz*, des mots qui déjouent, aussi prompts à défaire que le jeu de mots à réjouir [1].

Se trouvant alors à New York, il avait été particulièrement frappé par la contagion de l'émotion gagnant rapidement tout Manhattan, provoquée par l'effondrement des cours du Nasdaq, la Bourse des valeurs virtuelles. Frappé et peut-être même séduit par ce brusque coup de néant. En quelques jours des milliards de dollars avaient disparu. Nulle part, ils n'avaient pas changé de poche ou de portefeuille. « Évaporés », les mots convenus ne conviennent pas davantage qui veulent encore croire à un changement d'état. Simplement, en deux petits mots, ce qui existait n'existait plus, n'avait donc jamais existé.

Enfant, il ne craignait pas que ses parents divorcent, ce que leurs dissemblances rendaient inéluctable. Il ne craignait pas tant que l'un ou l'autre s'en aille. Il craignait que son père disparaisse, comme ça, comme rien. Un jour un père, un jour rien.

Le Nasdaq, un père… Et alors ?

L'analyse, il connaît. Il fut un temps où l'autodérision de la « communauté » faisait courir le « bon » mot suivant : Qu'est-ce qu'un cas-limite ? Quelqu'un qui a fait trois psychothérapies et deux analyses. À ce rythme-là la menace de tomber dans le

1. Freud, *Le mot d'esprit et sa relation à l'inconscient* (1905), Gallimard, coll. Connaissance de l'inconscient, série Traductions nouvelles, 1988.

« truc » est permanente : interdits les « hum ? », les reprises en écho du dernier mot prononcé, interdit d'être l'Écho de Narcisse. Interdites encore les mises en relation de ce qui n'a pas de rapport. Ne parlons pas de la recherche des causes. Quant à construire… L'analyste prend des vacances. Si l'analyse peut tomber en vacance, si elle peut cesser d'être, disparaître, à quoi tient la croyance en son existence ? Est-ce qu'on peut guérir de la continuité d'inexistence ?

« Vous ne pouvez rien pour moi. Vous pouvez toujours me demander à quoi mourir me fait penser, ça ne m'empêchera pas de mourir. » Le désespoir des uns fait au moins l'impuissance des autres. À l'envers de la réaction thérapeutique négative peuvent s'entendre, sinon s'atteindre, les accents de la victoire. Moins une victoire *sur* l'autre, la formule est trop relationnelle, qu'une geste qui le fait disparaître ou l'annule. La parole philosophique elle-même, celle de Kierkegaard, laisse parfois transparaître cette satisfaction du désespoir : « Être passible du désespoir nous place au-dessus de la bête, progrès qui nous distingue bien autrement que la marche verticale, signe de notre verticalité infinie ou du sublime de notre spiritualité [1]. » Inutile de ponctuer, d'alourdir l'énoncé du commentaire : « narcis-

1. Kierkegaard, *Traité du désespoir* (1849), Gallimard, coll. Tel, p. 353.

sisme ». Sinon pour noter que sous cette forme très excitée — « Le désespoir met le feu au moi », écrit superbement Kierkegaard — le désespoir représente encore l'une des multiples figures par quoi l'invention psychique fait contre mauvaise fortune — le moi divisé, blessé, paysage de désolation — bon cœur — la division exaltée, la maladie à la mort.

Il est une œuvre littéraire qui s'est construite sur le fonds de cette passion, celle de Cioran, l'auteur de *Sur les cimes du désespoir* et de *De l'inconvénient d'être né*. Une œuvre que l'on dirait tout entière écrite dans la nuit blanche, à l'heure du désespoir par excellence, trois heures du matin, « quand en dehors de votre agonie personnelle rien ne vous intéresse ». À cette heure-là on est seul comme jamais, le monde est défait de toute son agitation, le sommeil a fait disparaître tous les autres. L'heure où le moi a totalement pris feu, sans que plus rien ne distingue exaltation et consumation ; « détaché de tout, y compris de son propre détachement ».

L'ours blanc

D'odeurs, mauvaises, en secrétions-excrétions, obligées et détestées, elle égrenait le chapelet de tous les dérangements parmi lesquels les aléas de sa vie intestinale figuraient en bonne place. « J'aurais tellement aimé avoir des symptômes plus classe, je ne sais pas, moi… la phobie des ours blancs. »

« L'érotisme anal aura l'effet d'une petite bombe. » À la fois admiratif et inquiet, Karl Abraham accueille par ces mots la dernière nouveauté du « Très Vénéré Professeur », l'article de 1908, « Caractère et érotisme anal » — depuis les *Trois essais*, les références à la « chose sale » se sont multipliées, mais toujours intégrées jusque-là dans l'ensemble plus large de la sexualité infantile. Freud en convient, qui est sans illusions et se résigne aux « forts hochements de tête » à venir : *Der Analerotik* « n'aura évidemment pas un grand pouvoir de ralliement ». Il ne suffisait pas de salir « du mot de "sexuel" les manifestations de tendresse des enfants », écrit Lou Andreas-Salomé, il fallait encore que le sexuel lui-même « se voie à son tour souillé de façon révoltante par sa référence à l'anal ».

Surprenante Lou, si « classe ». De Nietzsche à Freud en passant par Rilke, il n'est guère de grands créateurs de ce temps qui n'ait été son ami, son familier. Son amour du narcissisme — elle et lui s'introduisent en psychanalyse en même temps —, des idéaux, de la sublimation semblent chez elle un fait de nature. Est-ce à elle qu'il pense lorsque Freud évoque, dans la série de l'enfant charmeur, du criminel et du grand félin, la figure de la femme narcissique qui se suffit à elle-même, exerçant sa séduction sur les hommes, pour des raisons à la fois esthétiques — elle est des plus belles — et psychologiques — elle est des plus intéressantes ? Qu'est-elle donc aller descendre de ces hauteurs pour mêler sa voix aux « papotages domestiques les plus gênants » ? Si ce n'est le seul dialogue qu'elle entretient avec Freud, leur dissertation sur le sexuel anal est cependant ce qui, plus que tout autre sujet, prend forme d'œuvre. L'article de Lou, « Anal et sexuel », rédigé en 1914, publié un peu plus tard[1], est fortement entouré par les deux textes de Freud, sinon sur le même thème, tout au moins très proches : « La disposition à la névrose obsessionnelle », en 1913, et « Des transpositions pulsionnelles, en particulier

1. Lou Andreas-Salomé, *L'amour du narcissisme* (1914), Gallimard, coll. Connaissance de l'inconscient, 1980.

dans l'érotisme anal », en 1916. Leur correspondance n'est pas en reste, où le *Lumpf* du petit Hans — mot par lequel l'enfant désignait ses selles et qu'il avait sans doute inventé à partir de *Strumpf* (bas, chaussette) —, circule entre eux deux comme un nom *propre*.

Quel homme de la horde aurait pu évoquer en toute simplicité, comme le fait Lou, la « force originale de souvenir des caresses périphériques », comme si, ajoute-t-elle, « une douceur inconcevable surgissait du provisoire de leur présence ».

« Anal et sexuel » n'est pas seulement un texte sensible. À dire vrai, on n'a guère mieux écrit sur le sujet depuis. « J'ai été frappée, écrit-elle à Freud, par la persistance de l'érotisme anal pour le sexe féminin. » C'est le plus souvent cette expérience féminine que l'on a retenue de son propos. La formule, si souvent citée, est devenue comme un adage de la psychanalyse : chez la femme, « l'appareil génital reste voisin du cloaque, il n'en est même qu'une partie prise en location ». Autant dire que de ces voisins de palier, le propriétaire n'est pas celui que l'on pense. Il arrive — pas seulement aux femmes — que le corps et l'égout aient bien du mal à se distinguer ; égout ou évier, que l'on ne finit jamais de récurer. L'image vient de l'assaillir et la laisse muette d'angoisse. Elle se souvient, l'accouchement, quand la poussée extrême et confuse était venue brutalement confirmer la première théorie sexuelle : l'enfant et la selle, c'est tout un.

Faut-il pour autant faire du cloaque un fantasme engendré par la seule gent féminine ? Rien n'est moins sûr. Ambroise Paré, en digne représentant de la médecine de l'Âge classique, écrivait, c'était à une autre époque : il faut que son plaisir soit grand et qu'il y tienne fort pour que l'homme consente à « mettre ce membre qui lui est si cher dans le sillon féminin, sans égard aux immondices et ordures qui passent par ce cloaque ».

« Ce membre qui lui est si cher... » *Phallus* et *cloaca* s'opposent comme le beau et l'immonde, le propre et le sale, le pur et le souillé. Ou encore, comme le dehors et le dedans, le visible, le *fascinus*, et le caché, l'inavouable. Comme l'ornemental — le phallus est, à Pompéi, de toutes les fresques — et le suburbain — la *cloaca maxima* de la Rome antique. D'un côté le distinct, le distingué, de l'autre le confus. Toutes oppositions trop claires pour être honnêtes. On est décidément tenté par l'adage « Tout ce qui brille n'est pas d'or », et l'or lui-même... De Lou à Freud, les mots ne sont pas tout à fait les mêmes, mais l'accord est parfait, au point qu'il est difficile de faire la part de la propriété intellectuelle : avant d'être dehors, visible et brillant, débarrassé de tous les « miasmes humains », ce qui n'est pas encore le *phallos/fascinus* est dedans : « verge d'excrément ». Avant, et même parfois après, la constipation est conservatrice. Ce que l'obsessionnel, quel que soit son sexe, ou l'homme homosexuel, celui que l'on dit « passif », donnent simplement à entendre depuis le récit de leurs vies intestines.

L'inconvénient des bons mots est que leur éclat fait pâlir ce qui se tient dans leur proximité. On a retenu le « cloaque », on a le plus souvent laissé échapper le plus fin de l'intuition théorique de Lou. Freud l'avait pourtant relevé, mais en n'y accordant que l'attention d'une note de bas de page[1]. L'érotisme anal fournit à l'inconscient son lot de représentations, et même plus que sa part. Mais plus fondamentalement, si l'on ose dire, il en épouse le geste de constitution et en illustre la matière. Parce qu'à l'occasion de l'activité anale, l'enfant fait tout particulièrement l'expérience de l'hostilité de l'environnement humain à sa vie pulsionnelle, « l'"anal" reste à partir de là le *symbole* de tout ce qui est à rejeter, à éliminer de l'existence ». Jusqu'à garder, repousser, refouler au dedans ce corps étranger interne, cet *Unheimliche*, pour la première fois rencontré. Le symbole est double, du rebut anal à l'inacceptable inconscient, de la rétention au refoulement.

Cette vue sur l'inconscient est bien sûr un point de vue, celui de l'âme contrainte par l'enfer obses-

1. Voir Freud, *Trois essais sur la théorie sexuelle*, ajout de 1920, *op. cit.*, p. 113.

sionnel, et la discussion de sa prétention à valoir comme paradigme de la vie psychique dans son ensemble a généreusement garni quelques rayons de bibliothèque. On se souvient notamment de la critique culturaliste : l'anus est universel, pas l'impitoyable éducation des sphincters. Juste une anecdote… À l'enfant des sociétés caribéennes, celui qui vit encore à la campagne — mais aussi au petit Arapesh, perdu dans ses montagnes de Nouvelle-Guinée, sauf pour Margaret Mead qui l'observe —, on recommande de ne pas abandonner n'importe où, au vu et au su, le produit de sa défécation. Le risque est sorcier et persécutif, qu'un esprit, mauvais et mal intentionné, s'en empare et le « brûle » ; qu'il brûle ce qui a touché au plus intime avant d'en être rejeté. Les conséquences sont terribles : anus « retourné » et corps qui se vide, tout le dedans au dehors. Là une « morale des sphincters » qui enfouit la faute au plus profond, ailleurs une morale des déjections qui projette/expulse au plus loin la « chose sale ».

Avec Lou, en la relisant, il est encore quelques vieilleries qui retrouvent un peu de fraîcheur. Pénis, enfant, cadeau, argent… Qu'avons-nous à ajouter au savoir constitué des « équivalences symboliques » ? On devine chez Lou, en filigrane, une idée plus essentielle, celle que la sublimation, ses transformations, son mouvement de bas en haut, entretient avec le sexuel anal une relation privilégiée. La créativité commerce avec « les strates les plus basses de l'être ». Irait-elle jusqu'à suggérer une analité de la sublimation ? Ce serait sans doute trop dire, mais au moins l'idée que le sale et l'informe imposent à la psyché une exigence de transformation et de traitement plastique où l'alchimie de la sublimation puise le modèle de son énergie.

Face claire, face obscure. La première indique la voie respectable qui mène à « l'éthique protestante et à l'esprit du capitalisme », la seconde entraîne sombrement vers toutes les épurations. Il y a, dit Lou, une « *noirceur* » du sexuel anal. La chose retenue, pour la faute et le plaisir (coupable), s'efface devant le rebut, le déchet, les « excrétions mortes », l'engendrement du néant. Éros n'est plus seul, s'annonce déjà le retour à l'inorganique, la vie qui se dissout, se décompose en ce qu'elle n'est plus.

C'est à Freud, dans ce dialogue, que reviendra le dernier mot. Il invente une histoire, un mythe plutôt, et même un mythe d'origine, qu'il intitule le « refoulement organique[1] ». Bien avant que les générations s'opposent, que les sexes se différencient, l'homme est né de sa distinction avec l'animal. La première différence organisatrice, celle sur laquelle toutes les autres reposent, sépare le bas du haut, l'anal et l'esprit. La conquête de la station

1. Voir Freud, « Le malaise dans la culture », *Œuvres complètes*, vol. XVIII, *op. cit.*, p. 293, en note.

droite, de la verticalité, l'érection du corps n'est que la face visible d'un secret éloignement, d'une mise à distance des parties basses. L'âme n'a pas d'odeur, rien ne lui est plus désagréable que de se souvenir : *Inter urinas et faeces nascimur.*

Marie

Personne ne l'appelle pour son anniversaire. Personne, entre ceux dont chaque année elle attend l'appel. Des siens elle n'a jamais retenu l'attention, on la croise sans s'arrêter, on passe sans la voir, on n'y pense pas. « *Pour eux, je n'existe pas.* » Le plus singulier naît du plus commun, quand une formule académique cesse de l'être, forme vide qui soudain se remplit, quand les mots deviennent des choses, que la vérité saisit la langue.

Elle est née deux ans après un frère qui n'a vécu que neuf mois. « Ils l'avaient prénommé Emmanuel, comme le messie… et moi Marie-Noëlle, la mère et le fils, tout en un. » Son ironie avive la blessure plus qu'elle ne la guérit ; une naissance pour elle-même, un prénom propre, rien de tout cela ne lui a été donné.

« Leurs noms font des enfants des "revenants" [1]. » Le mot de Freud s'entend parfois au pied de la

1. Freud, « L'interprétation du rêve », *Œuvres complètes*, tome IV, PUF, 2003, p. 537.

lettre, sans guillemets. Le propre de « l'enfant mort » est de vivre, et même d'avoir la vie dure, la vie de celui qui erre sans sépulture, « privé de sa propre mort ». « Enfant mort », l'expression est-elle seulement légitime ? Y a-t-il jamais pour Psyché une représentation congruente à une telle réalité historique ? Psyché qui peut tout, ou presque, traiter/transformer les traumatismes les plus effractants, peut-elle accorder l'enfant et la mort ?

L'ombre est parfois lointaine, d'origine inconnue, il faut remonter aux parents, aux grands-parents… Ombre portée de génération en génération par la dépressivité, électivement en ligne maternelle, mais sans exclusive. Quand elle ne se laisse pas seulement deviner, supposer, sans que les archives en soient jamais retrouvées.

L'enfant mort est un terrible adversaire, aussi merveilleux et inégalable que l'enfant dont Serge Leclaire a autrefois dépeint le portrait, si ce n'est que le programme « On tue un enfant » ne lui est pas applicable. Enfant mort, éternel enfant, il ne suffit pas de dire qu'il est irremplaçable, surtout par les enfants de remplacement, ou que la mère n'en a jamais fait le deuil. Aucun meurtre n'en vient à bout, la mort ne le concerne pas.

Marie — c'est ainsi, du double au simple, qu'elle se fait appeler depuis la première adolescence, « Noëlle » a disparu — suit le fil d'une des rêveries dont elle est coutumière : « Que font les ouvriers dans la cour, il faudrait que j'aie des yeux derrière la tête ; peut-être murent-ils la fenêtre, je ne pourrais plus sortir… » S'il fallait décerner une palme de l'*Unheimliche*, écrit Freud, nombreux seraient ceux qui choisiraient « l'idée d'être enterré en état de léthargie ». « Simplement la psychanalyse nous a enseigné que ce fantasme effrayant n'est que la transmutation d'un autre qui n'avait à l'origine rien d'effrayant, mais se soutenait au contraire d'une certaine volupté, à savoir le fantasme de vivre dans le sein maternel[1]. »

Mutterleib… Traduire par « sein maternel » n'est-ce pas le premier geste du refoulement ? « Ventre », c'est beaucoup plus *bas*, autrement étrange, inquiétant, et obscurément familier. « Ventre » est un mot de l'enfance, celui de tous les maux et de leur confusion, orale, anale, génitale. « L'"amphimixie" des sexualités partielles — Ferenczi songe-t-il à « amphibie » quand il invente ce néologisme ? —, le ventre s'en charge bien avant que la génitalité adulte, le coït, ne tente la synthèse à son tour.

L'histoire, le destin du fantasme de retour dans le ventre maternel, est en lui-même un analysant des enjeux et des choix théoriques. Freud hésite : faut-il le compter parmi les fantasmes originaires, est-il *Ur*

1. Freud, *L'inquiétante étrangeté et autres essais*, Gallimard, coll. Connaissance de l'inconscient, série Traductions nouvelles, 1985, p. 250.

ou simplement dérivé, une variation sur le thème de la scène primitive ? Quelle meilleure place imaginer que le ventre maternel s'il s'agit d'observer le coït parental, ou encore de recevoir la satisfaction venant du père ? L'invention du narcissisme change la donne, pour ce fantasme comme pour le sommeil auquel il est étroitement apparenté. Dormir, se retirer du monde, est une réactivation somatique du séjour dans le ventre maternel, une façon de retrouver le pays natal, le seul lieu dont on puisse dire avec certitude qu'« on y a déjà été une fois ». Grâce au sommeil « nous nous retirons temporairement dans l'état prémondain, dans l'existence dans le ventre maternel. Nous nous créons des conditions tout à fait semblables à ce que celles-ci étaient alors : chaleur, obscurité et absence de stimulus. Certains d'entre nous se lovent pour former un petit paquet et adoptent pour dormir une position du corps semblable à celle qu'ils avaient dans le ventre maternel[1] ». Fantasme originaire, c'est entendu, mais narcissique ou incestueux ? Les distinctions s'abolissent, les satisfactions se confondent, comme le moi endormi et le ça que plus rien ne différencie.

La réalisation du narcissisme absolu et les retrouvailles symbiotiques avec la mère primitive ne font qu'un. Deux façons de rejoindre un même enclos

1. Freud, cinquième leçon, « Difficultés et premières approches », *Leçons d'introduction à la psychanalyse, Œuvres complètes*, tome XIV, PUF, 2000, p. 86-87.

psychique où la satisfaction prend la forme d'une abolition de la vie de représentation, d'un sommeil sans rêve. C'est le paradoxe d'un fantasme qui ne s'accomplit que dans un mouvement de disparition de toute vie fantasmatique, qui ne s'accomplit qu'à lui-même s'abolir. Les retrouvailles avec les origines se payent de la mort psychique. Dormir, jouir, gésir, le chemin est court qui mène du ventre à la tombe.

On le pressent à travers le propos de Freud lui-même, le fantasme du *Mutterleib*, à s'approcher de l'originaire en personne, menace la théorie de son aspiration : pour un tiers de notre vie « nous ne sommes absolument pas encore nés » ! Reste que celui qui appelait de ses vœux la « dictature de la raison » garde tête froide et théorie éveillée. Ce sont les autres qui vont larguer les amarres et franchir les mers, les deux compères, Rank et Ferenczi qui publient la même année, en 1924, l'un *Le trauma de la naissance*, l'autre *Thalassa*. La vie intra-utérine, « abandonnée bien à contrecœur au moment de la naissance », n'est elle-même que l'écho lointain, la « répétition de la forme d'existence de l'époque marine », quand la terre tout entière était mer, quand il n'y avait que *ça*. C'est la mère qui est le symbole de l'Océan, et non l'inverse. Mieux encore que le sommeil, le coït, son retour au logis tend à restaurer l'unité primitive et thalassale. La psychanalyse est devenue une « biologie des profondeurs » — avec, chez Ferenczi, pourtant, l'ombre d'un doute : si le fœtus est un « endoparasite » pour la mère et la naissance une « expulsion » mettant fin à l'occupation, il se pourrait que les joies amniotiques de la vie intra-utérine soient largement rétrospectives.

Freud ne suit pas mais, après tout, le roman paléo-historique, le mythe de Ferenczi le gêne moins que les innovations techniques de son disciple, ou la cure-naissance de Rank, neuf mois tout compris. Mythe pour mythe, Thanatos vaut bien Thalassa et Ferenczi se charge de faire le rapprochement. Il y a plus calme que le calme de la vie intra-utérine, ou intra-marine, « le calme précédant l'apparition de la vie, la paix morte de l'existence inorganique ».

La mort, le sommeil, l'inceste avec la mère s'échangent comme les trois figures d'un même fantasme. L'enfant de l'amour incestueux, l'enfant de la vie intra-marine, l'enfant mort, celui dont on est assuré que jamais plus il ne vous quittera, sont les trois visages du même ; tous les trois sortent du même coffret. L'enfant/la mort, la réunion de ces incompatibles bouscule la différence et l'ordre des générations, elle est déjà en elle-même une transgression. Les religions nous ont rendu familière l'« identité archaïque » de la vie et de la mort, elles sont restées beaucoup plus discrètes sur l'amante incestueuse, qui facilite leur confusion.

Si l'idée des autres patients gêne Marie, c'est très concrètement affaire de place, celle que le corps occupe sur le divan. Un seul peut loger dans le ventre, le sexe de la mère. Elle évoque les suites immédiates de la séance précédente. En sortant elle avait croisé un « type » qui à l'évidence venait « ici ». « Je n'imagine pas que vous lui donniez ma place, il doit s'asseoir par terre. Quand il sera grand, il aura droit au fauteuil. »

Les angles morts

« J'ai pensé partir. »

Partir, mourir, la rime est commune, les mots fatigués d'avoir été si souvent appariés. Sauf qu'Elsa ne fait pas de phrase.

Le plus souvent elle n'est pas là, comme aujourd'hui, ou la séance dernière. Viendra-t-elle demain ? Cela fait des semaines qu'il en est ainsi sans que nous puissions, elle ou moi, ni signifier l'absence ni entendre la souffrance.

Absente, à proprement parler, elle ne l'est guère que lorsqu'elle est là. Elle parle, sans que les mots arrivent à se former, « gouttes de silence à travers le silence ». Quand le maximum de sa présence est fait de mon attente d'elle. Je l'attends.

Le meilleur allié de la vie et de l'analyse pendant cette période fut nocturne. Les rêves existaient, elle ne pourrait en dire davantage sinon que quelque chose en elle, chaque nuit, rêvait. Une vie de l'âme au plus profond du sommeil, obscure, inaccessible, mais une vie. Une vie en elle, sinon la « sienne ».

Quand l'analyste se contenterait volontiers du rôle dévolu au « guide montagnard pendant une ascension difficile », écrit Freud — se souvient-il alors, en écrivant ces lignes presque testamentaires, de l'analyse alpestre de Katharina qui, quarante ans plus tôt, l'avait suivi depuis l'auberge et rejoint sur un chemin d'escalade afin de demander à « Monsieur le Docteur » s'il voulait bien lui consacrer un peu de temps parce qu'elle « souffrait des nerfs[1] » —, il ne suffit donc pas de montrer la voie, il faut encore que le patient regarde l'analyste « comme le retour, la réincarnation, d'un personnage important de son passé infantile[2] ».

Les mots tiennent à peu de chose. Incarner, réincarner... Le premier en appelle au théâtre et à sa représentation, quand le second revient du pays des morts. L'un ouvre sur la mobilité des rôles et le déplacement des interprétations — en témoigne l'exemple illustratif choisi par le *Petit Robert* : « Sarah Bernhardt incarna l'Aiglon » ! —, quand l'autre, sensiblement plus mélancolique, condamne l'acteur à la répétition et le temps à l'éternel retour. Par-delà leurs différences pourtant, incarner/réincarner, ces deux figures transférentielles tiennent

1. Freud, *Études sur l'hystérie* (1895), *op. cit.*, p. 98.
2. Freud, *Abrégé de psychanalyse*, *op. cit.*, p. 42.

pour acquise ce qui pourtant ne l'est pas, la présence de la chair — la première incarnation est celle du Christ.

Sur le mode des restes diurnes du rêve, il n'est pas rare que l'analyse — les analyses, simultanément — ait à connaître un certain nombre d'œuvres récentes, livres, pièces mais le plus souvent films (*Tout sur ma mère* d'Almodovar, *La chambre du fils* de Moretti...) dont les moments de vérité alimentent l'association et transforment le patient, chacun à sa manière, en un analysé de l'œuvre. Mais au-delà des sollicitations actuelles, il en est de plus anciennes qui sont devenues comme des souvenirs d'enfance. Leur rémanence est le plus souvent indépendante de la qualité artistique intrinsèque de l'ouvrage, ce ne sont pas les grandes œuvres qui laissent les traces les plus impérissables. On s'en souvient plutôt sur le modèle de l'histoire du soir, celle dont, enfant, on réclamait inlassablement la répétition, au détail près. Ainsi de *L'homme invisible*, série télévisée en noir et blanc des années 60-70 [1]. Qu'en surgisse la pensée, c'est le plus souvent avec plaisir, celui du ni vu ni connu, d'une liberté infinie offerte au fantasme voyeuriste, à côté de quoi le trou de la serrure paraît un bien pauvre dispositif. Pas pour Elsa, pour elle souvenir et déplaisir vont de pair.

1. « Remake » d'un film de James Whale, *The Invisible Man* (1933), lui-même tiré du roman de H. G. Wells.

Elle reconnaît l'angoisse, devenue familière, à simplement évoquer ce moment où le héros défait ses bandelettes, quitte sa « peau », pour laisser place à rien, un « être » sans corps, désincarné, un disparu. L'image en appelle une autre, inversée : le plaisir qu'elle éprouvait, enfant, adolescente, à marcher contre le vent ; se sentir exister, délimitée par cette force opposée, bienveillante et invisible.

Artiste plasticienne, Elsa cherche l'éther, sinon le zéphyr. Comment retenir, capter, inscrire sur le support, le plus céleste, le plus subtil, l'essence de l'air ? Comment libérer la terre de l'horizon ? Loin de Malevitch par la forme, elle en est proche par l'esprit. L'abstraction, s'abstraire de l'objet ne suffit pas qui concède encore à celui-ci, fût-ce négativement, son attente de représentation. L'œuvre veut être le « son intérieur » des choses, au risque de son propre effacement. Des trois carrés, le blanc, le noir et le rouge, deux sont encore de trop. Le noir, « surface de ténèbre », trop opposé. Le rouge, trop russe. Reste le blanc, « Blanc sur blanc », visage sans visage. Toute l'œuvre d'Elsa est autofigurative.

Un jour elle était là, elle cessa de ne pas venir. Pas plus que le commencement, la fin de cette période ne prit sens. Un rêve marqua l'événement, simplement une image de rêve, échappée à l'obscurité : une étendue d'eau sans frontières et sans vagues, paysage aux contours estompés par une brume de chaleur, tout juste troublé par le passage lointain d'une jonque. C'est moins l'absence de figure qui caractérise l'ombilic du rêve que sa présence d'inconnu[1].

Les choses auraient pu en rester là, non pas insensées, silencieuses. Entièrement silencieuses. Il arrive que la dynamique du transfert donne à voir ce que les mots taisent ou manquent : la variation d'une démarche, la modification d'une allure, une autre forme du corps, un visage qui s'anime… part non-verbale dont on pressent qu'elle change l'essentiel. Mais il faut aussi concevoir, pouvoir accepter que quelque chose se produise sans qu'aucun signe en soit repéré, *a fortiori* déchiffré. Nulle possibilité alors de restituer ce dont on n'a même pas l'idée.

La conviction déterministe jamais n'abolira le hasard. Les choses auraient pu rester silencieuses, il n'en a pas été ainsi. Afin de protéger leur fille, tout à l'angoisse d'un vernissage, les parents d'Elsa retardèrent de vingt-quatre heures l'annonce de la mort d'un ami très cher, gravement malade depuis de longs mois. Les nouvelles étaient mauvaises, Elsa s'en était inquiétée. « Ça va, rien de changé », lui avait-on faussement répondu. L'après-coup fut saisissant, dépersonnalisant. Le vivant était mort. Elle n'en voulait pas à ses parents de leur mensonge, de leur trahison, ses pensées suivaient une tout autre

1. On sait la place centrale accordée à cette question par Guy Rosolato, *La relation d'inconnu*, Gallimard, coll. Connaissance de l'inconscient, 1978.

voie, abyssale. Des pensées « blanc sur blanc », mort sur vie. À quel temps rapporter la vie de ce qui n'a pas d'existence ? Aucun mot n'était susceptible de nommer le vécu de ces vingt-quatre heures, et surtout pas « vécu ».

L'enchaînement des associations nous ramena à la période de l'analyse intermittente, éthérée, depuis longtemps passée. Ce qui n'était encore qu'un temps indéfini, des semaines, fut saisi par la précision du calendrier : deux mois, très précisément deux mois, de février à avril. Une période *sans,* entre deux dates anniversaires, dont l'une virtuelle. La première était celle de la naissance d'Elsa, à moins qu'il ne soit plus juste de dire : de l'interruption de grossesse de la mère. Il ne suffit pas pour *naître* d'être expulsé du ventre maternel. L'autre date, deux mois plus tard, marque l'anniversaire, le terme, de ce qui aurait dû être sa naissance, un rêve d'eau, si elle n'avait pas été prématurée. Deux mois *désincarnés,* portée par le transfert de ce qui n'a pas existé. Deux mois pour n'être, deux mois à l'attendre. « L'analyse, c'est pour aller dans les angles morts », dit-elle.

DU MÊME AUTEUR

L'INCESTE FOCAL (DANS LA FAMILLE NOIRE ANTILLAISE), PUF, 1987.

LA RÉVOLUTION FRATRICIDE. ESSAI DE PSYCHANALYSE DU LIEN SOCIAL, PUF, 1993.

AUX ORIGINES FÉMININES DE LA SEXUALITÉ, PUF, 1995.

LA SEXUALITÉ FÉMININE, Que sais-je ?, PUF, 3e éd., 2003.

Ouvrage reproduit par procédé photomécanique.
Impression CPI Bussière
à Saint-Amand (Cher), le 25 octobre 2013.
Dépôt légal : octobre 2013.
Numéro d'imprimeur : 2005757.
ISBN 978-2-07-045375-7./Imprimé en France.

253131